中国海关管理干部学院年鉴

2022

《中国海关管理干部学院年鉴（2022）》编纂委员会——编著

中国海关出版社有限公司
·北京·

图书在版编目（CIP）数据

中国海关管理干部学院年鉴．2022/《中国海关管理干部学院年鉴（2022）》编纂委员会编著．—北京：中国海关出版社有限公司，2023.3

（中国海关史料丛书）

ISBN 978－7－5175－0680－5

Ⅰ.①中… Ⅱ.①中… Ⅲ.①海关—干部学校—学校管理—中国—2022—年鉴

Ⅳ.①F752.5-54

中国国家版本馆 CIP 数据核字（2023）第 051300 号

中国海关管理干部学院年鉴（2022）

ZHONGGUO HAIGUAN GUANLI GANBU XUEYUAN NIANJIAN（2022）

作　　者：《中国海关管理干部学院年鉴（2022）》编纂委员会
责任编辑：刘白雪
出版发行：中国海关出版社有限公司
社　　址：北京市朝阳区东四环南路甲 1 号　　邮政编码：100023
编 辑 部：01065194242-7521（电话）
发 行 部：01065194221/4238/4246/5127（电话）
社办书店：01065195616（电话）
https：//weidian. com/？userid＝319526934（网址）
印　　刷：北京盛通印刷股份有限公司　　经　　销：新华书店
开　　本：889mm×1194mm　1/16
印　　张：14.5　　字　　数：270 千字
版　　次：2023 年 3 月第 1 版
印　　次：2023 年 3 月第 1 次印刷
书　　号：ISBN 978－7－5175－0680－5
定　　价：150.00 元

《中国海关管理干部学院年鉴（2022）》 编纂委员会

编辑说明

一、《中国海关管理干部学院年鉴》是中国海关管理干部学院主编、年鉴编纂委员会承编的行业性综合年鉴，2022 年为首次编撰，一年出版一卷。本年鉴坚持以习近平新时代中国特色社会主义思想为指导，巩固拓展党史学习教育成果，系统总结历史经验，依法依规编纂，全面客观记录新时代中国海关管理干部学院改革发展历程，充分发挥年鉴存史、资政、育人作用。

二、《中国海关管理干部学院年鉴（2022）》资料收录的时间跨度原则上为 2021 年 1 月 1 日至 12 月 31 日，中国海关管理干部学院发生的重大事件及各项工作进展，展现学院工作的主要特点和新成效。

三、《中国海关管理干部学院年鉴（2022）》的编纂体例由类目、分目、条目组成，采取条块结合的记述方式。类目分为特载、专记、政治建设、教育培训、“两个中心”建设、对外合作交流、综合保障、人物荣誉、大事记、附录等；分目则根据工作职能细分；条目为基本记述单元，记载年内基本情况和发生的大事、要事、特事，一事一条。

四、《中国海关管理干部学院年鉴（2022）》所收录的资料，主要由中国海关管理干部学院各部门主笔编写提供，编辑部汇集编撰、核校，并经有关领导审核。年鉴条目作者不随条目署名，以分目为单位集中署名，撰稿人按姓氏笔画排序。

目　录

第四篇　教育培训科研

第五篇　海关总署监管技术研究中心、中国海关防辐射探测培训中心

第六篇　对外合作交流

第七篇　综合保障

第八篇 人物荣誉

第九篇 大事记

附 录

“中国海关史料丛书” 编委会

海关专题图片

署领导关怀

◀2021 年 5 月 7 日，驻海关总署纪检监察组陶治国组长来院调研召开座谈会

2021 年 5 月 7 日，驻海关总署纪检监察组组长陶治国（左二）来院调研参观校史展览馆 ▶

◀2021 年 12 月 8 日，海关总署副署长、党委委员张际文（左一）来院参加 2020 年海关系统高级职称评审工作，视察学院

2021 年 12 月 10 日，海关总署副署长、党委委员张际文，党委委员、办公厅主任黄冠胜来院参加 2020 年海关系统高级职称评审工作 ▶

◀ 2021 年 12 月 10 日，海关总署政治部主任、党委委员、副署长胡伟，副署长、党委委员张际文，党委委员、办公厅主任黄冠胜来院参加 2020 年海关系统高级职称评审工作

2021 年 12 月 10 日，海关总署政治部主任、党委委员、副署长胡伟，副署长、党委委员张际文，党委委员、办公厅主任黄冠胜来院参加 2020 年海关系统高级职称评审工作 ▶

第一篇

特载

中国海关管理干部学院概况

中国海关管理干部学院（以下简称“学院”）是海关总署直属的厅局级事业单位（公益二类），主要职责包括：受总署委托开展习近平新时代中国特色社会主义思想教育培训、党的基本理论教育培训、党性教育培训、专业化能力培训和知识培训，突出专业化能力培训；承接海关基础理论研究，业务改革热点难点问题、海关干部教育培训规律相关研究课题；参与海关系统教材的编写审定工作，协助进行题库建设等工作；承担海关总署监管技术研究中心工作；承担中国海关防辐射探测培训中心工作；开拓学院对外交流和合作渠道，开展学术交流、国际交流合作等。

海关总署监管技术研究中心和中国海关防辐射探测培训中心设在学院。海关总署监管技术研究中心设立于2004年，由海关总署秦皇岛培训学校管理，业务上接受总署口岸监管司指导。中国海关防辐射探测培训中心设立于2012年，主要职责是加强中国海关对核及放射性材料的探测和识别能力，推动中美双方在打击恐怖主义方面的合作。

学院设院长、党委书记1名，副院长4名、党委副书记1名、纪委书记1名，内设9个机构分别为办公室、人事政工处（党委办公室、离退休干部办公室）、监察室、教育培训处、海关监管技术研究处、海关防辐射探测培训处、科技信息处、财务资产处、后勤保障处，内设机构正职9名，机构副职16名。截至2021年12月31日，学院在编员工73人，院领导4人（院长、党委书记1人，副院长、党委委员2人，纪委书记、党委委员1人），内设机构正副职23人，管理岗位人员11名，专业技术岗位人员31人，工人4人。

2021年，学院重点抓好政治建设、基础工作和改革创新，整体工作有所突破。

坚持党建引领，推动“政治院校”建设。贯彻落实全面从严治党主体责任，把政治纪律和政治规矩挺在前面。确立以党建为引领，党委、行政和纪委工作同谋划、同部署、同推进、同考核的“1341工作模式”；围绕学史明理、学史增信、学史崇德、学史力行，开展党史学习教育。

共组织中心组学习6次、党委班子成员讲党课5次；推进“我为群众办实事”实践活动，建立党委重点民生项目清单，涉及退休养老金发放、家属院拆迁、临时活动场所安置等10项重点民生项目全部落实到位；加强基层党组织建设，按季度制定党支部工作指引，将“第一议题”制度向党支部层面延伸，成立学院党的建设领导小组，实现党建工作队伍人员专业化。制定《学院廉政风险点及监督制约措施》，排查廉政风险点，开展风险联防联控；开展汇报交流、讲座学习、政策警示等活动，打造文明清廉校园，做好党风廉政建设和反腐败工作。

坚持改革创新，提升教育培训与人员管理质效。开展教育培训思想大讨论系列论坛和专题调研，编制《中国海关管理干部学院“十四五”事业发展总体规划》，在全院范围内凝聚发展共识、汇聚发展合力。探索疫情常态化形势下教育培训新模式，成立网络教育培训中心，逐步形成具有本院特色的网络培训模式，全年完成线上、线下培训班共55期，培训15,746人次，119,266人天。做好海关干部教育培训阵地建设，确立马克思主义理论、国家安全学、法学3个一级学科以及党建、干部教育学、跨境核安全管理等6个专业方向；加强国际合作交流，获准成立全球第一个设在联合国国际原子能机构成员方海关部门的国际原子能机构（IAEA）协作中心。制定涉及干部队伍专业建设、专业技术岗位评聘等系列人才管理规定，组织开展正处级干部岗位交流5人，任用副处级干部6人，新获评副高级职称教师1人、评定中级职称教师3人。鼓励教职工外出实践锻炼、开展交流访学，将荣誉激励贯穿教职工职业生涯全过程和重点节点。

中国海关管理干部学院“十四五”事业发展总体规划

根据《“十四五”海关发展规划》，为认真落实《“十四五”海关干部教育培训规划》，推动建设海关特色、国际先进、国内一流的干部学院，特制订《中国海关管理干部学院“十四五”事业发展总体规划》。

一、“十三五”时期学院发展总结

（一）取得的主要成绩。

1. 强化政治引领，政治建院进一步突显。

深入学习习近平新时代中国特色社会主义思想，把学习贯彻习近平总书记重要指示批示精神作为形势分析及工作督查例会的“第一议题”。健全完善党委领导下的院长负责制，完善《党委会议事规则》《院长办公会议事规则》。以党委理论学习中心组学习制度为抓手，持续加强党员干部思想建设和理论武装。开展合格党支部和“四强”党支部建设，创建基层党建品牌，教育培训党支部、监管技术研究中心党支部分别被评为全国海关基层党建示范品牌、全国海关基层党建培育品牌单位。落实意识形态工作责任制，加强意识形态阵地建设与管理。贯彻落实中央八项规定精神，严防“四风”隐形变异的新动向新问题。强化执纪问责实效，开展信访“大起底”工作。践行文化育人理念，建立校史展览馆，发布校徽和校训，开办“书香管干院”讲坛。坚持高标准严要求，锻造全面过硬的准军事化纪律部队。

2. 聚焦主责主业，干部教育培训主阵地作用充分发挥。

“十三五”期间共举办培训班573期，培训31,180人次，共计328,378人天。扎实开展分级分类培训，培训类别基本涵盖了《干部教育培训工作条例》中的所有类型，初步形成初任培训和执法一线科长培训品牌。坚持“一班一策”，根据需求量身制订培训方案、设计教学模块、安排培训课程，不断增强培训的针对性和实效性。培训内容突出政治性，提高理论教育和党性教育比重。注重教学方法手段创新，大力开发现场教学课程。积极拓展师资来源，建立培训师资库。建立覆盖学员从报到到结业等各阶段、各环节、全过程的工作流程，形成完整链条。

3. 发挥外脑作用，海关总署监管技术研究中心（中国海关防辐射探测培训中心，以下简称“中心”）建设成效显著。

中心与国际原子能机构（IAEA）建立密切合作关系，成功加入中国原子能机构IAEA国际核安保培训与支持中心网络（NSSC）。与国内相关研究机构、院所开展深入合作，广泛参与国家核安全相关学术团体活动。承担《月度通关监管风险分析报告》《大型集装箱检查设备绩效统计表》等编写任务，在监管政策法规制定、基础数据统计与分析等方面发挥辅助决策作用。北戴河新区项目正式破土动工，确定了未来“三中心一平台”的功能定位。中心开发的大型集装箱检查设备（H986）培训系统在全国海关得到推广。坚持“教学为实践服务”的培训理念，开发符合海关实际需求的监管培训课程。

4. 强化科研创新，科研能力不断突破。

建立学术委员会，出台《学院学术委员会章程》，制定《科研成果、论文、著作等奖励办法》等一系列科研制度，不断完善科研体制机制建设。《中国海关管理干部学院教育培训工作研究》正式创刊，成为宣传全国海关教育培训经验和工作方法的载体。持续出版中国海关管理干部学院教育培训系列丛书。举办“一带一路”和雄安新区相关课题研讨会，与对外经济贸易大学联合举办高端论坛。打通全国教育科学规划课题、河北省社会科学基金、秦皇岛市科学技术局课题申报通道。“十三五”期间，学院共承担国际原子能机构全球协作研究项目1项，署级课题3项，省级课题2项，市级（司局级）课题14项，发表学术论文159篇，出版图书14本，获得秦皇岛市优秀社科成果奖一等奖2项。

5. 加强自身建设，保障能力逐步增强。

完成学院“三定”工作，打通职称评审渠道，制订学院岗位聘任实施方案，完成首次全员聘任工作。完成16名处级干部的选拔任用，不断选优配强管理队伍。推动学院制度“立改废”工作，完成制度变更197项。完成合同制员工社会化保障工作，实现后勤服务管办分离。推进分配制度改革，组织实施学院绩效工资方案。加强资产管理，盘活闲置资产，解决住宅过户问题。建立智慧校园应用平台，实现校园管理工作的数字化。建设覆盖全部公共区域及重要办公区域的学院无线网络，建成基于总署移动办公平台和学院应用虚拟化的移动办公系统，改学员宿舍有线电视为交互式网络电视（IPTV）。加入河北省高校数字图书馆联盟。

（二）基本经验。

回顾“十三五”时期学院的发展历程，可以提炼出以下几方面经验：一是坚持党建的统领地位；二是坚持立足海关、服务海关的办学宗旨；三是坚持以培训工作为中心的办学思路；四是坚持全院办培训的体制机制；五是坚持以学员为中心、以教学质量为核心的管理模式；六是坚持“教学出题、科研答题”，进而实现产学研一体化的发展路径；七是坚持共建、共享，建设和谐校园的发展理念；八是坚持队伍建设协同发展的保障作用。

（三）存在的问题。

1. 办学依据不充分，制约学院长远发展。

当前学院办学定位不明确，管理体制、办学资质与学院当前承担的具体职责不相匹配，高等院校、党校（行政学院）、干部学院属性不清晰，办学依据不充分，影响学院培训规模稳定，制约学院长远发展。

2. 学院治理体系和治理结构还不完善。

当前学院建立了以党委领导下的院长负责制为核心、学术委员会和工会共同发挥作用的治理体系雏形，但尚未建立教学委员会、教职工大会等机构，党的领导、专家治学、民主管理的治理结构还不完善，制约学院治理能力提升。

3. 学科专业建设没有实质性突破。

尚未建立与学院教育培训职责和海关改革发展需要相适应的、配套完善的学科专业体系，教育培训缺乏学科专业支撑，人才培养的基础和载体不完善，影响培训的专业化、精细化，制约学院教育培训和科学研究质量的提升。

4. 教育培训质量还不够高。

没有完全做到把改革创新贯穿于干部教育培训各环节各方面，教育培训的数量与质量、规模与效益缺乏统一。干部教育培训改革不够深入，培训的内容体系、保障体系和运行机制还不够完善。教育培训质量与系统内外其他干部学院相比没有明显优势，服务海关决策和发展大局的能力、水平不够，还不能完全满足总署对学院的期望。

5. 缺乏高质量科研成果。

目前学院仍没有国家级课题，省部级及以上课题数量少，获得省部级及以上科研成果奖励少，人均科研经费较低，体现出当前学院总体科研能力相对较弱，科研成果总体质量不高，能为海关决策咨询提供支持和参考的科研成果较少。

6. 师资队伍建设不完善，与学院的功能定位不相称。

目前学院常规培训仍主要依赖系统内外兼职教师，尚未建立学历、职称、实践能力等结构合理的师资队伍，不足以支撑学院内涵式发展。现有专职教师人员少，年龄结构、知识结构不合理，与学院海关特色、国际先进、国内一流功能定位不相称。

7. 国际交流合作局面尚未形成。

“十三五”时期，学院依托中国海关防辐射探测培训中心平台，通过外事培训、参加国际海关组织会议、承担国际原子能机构科研项目等方式填补了国际交流合作的空白，但仍未实现机制化合作，仍未实际参与到国际海关组织规则制定和话语体系中去，国际交流合作局面尚未打开。

二、当前的形势与任务

国家“建设高质量教育体系”为学院发展带来新机遇，海关改革发展对教育培训提出新要求，学院历史发展规律指明学院新目标，这为学院“十四五”时期改革发展带来了一系列的机遇和挑战。我们必须善于把握机遇，科学应对挑战，合理确定工作任务。

（一）国家二〇三五年远景目标为教育发展带来新机遇。

新发展阶段是在全面建成小康社会、实现第一个百年奋斗目标之后，全面建设社会主义现代化国家、向第二个百年奋斗目标进军的阶段。聚焦教育领域，党的十九届五中全会明确提出“建设高质量教育体系”，这是新时代教育发展的新主题、新方向、新目标、新任务。《中共中央关于制定国民经济和社会发展第十四个五年规划和二〇三五年远景目标的建议》指出，“十四五”时期将加快构建以国内大循环为主体、国际国内双循环相互促进的新发展格局，这对建设高质量教育体系提出了多方位需求，需要教育体系源源不断输送高质量的人力资源。新冠肺炎疫情对线下培训模式造成严重冲击，对教育培训工作开展提出严峻挑战。对于学院来说，必须坚持马克思主义指导地位，坚持社会主义办学方向，全面贯彻党的教育方针，逐步探索创新教育培训模式，在建设高质量教育体系过程中发挥学院作用。

（二）海关改革发展对教育培训提出新要求。

“十四五”时期，全国海关将锚定2035年海关发展远景目标，持续深化“五关”建设，不断丰富“五关”建设新内涵，全面发挥海关在安全、贸易、税收等方面的职能作用，积极探索具有中国特色社会主义制度优势的新时代海关改革与发展之路，全面推进社会主义现代化海关建设。对标现代化海关建设新要求，学院必须找准在国际国内双循环重要交汇节点当中的定位，依托海关人才发展及干部教育培训工作对学院的要求，进一步探索教育培训体制机制创新，不断在人才培养模式、学科专业体系建设、国际交流合作等方面下功夫，更好地发挥海关系统干部教育培训主阵地作用。

专栏1《“十四五”海关发展规划》对教育培训工作的要求

> 加强干部教育培训。
>
> 把学习贯彻习近平新时代中国特色社会主义思想作为首课、主课贯穿始终、覆盖全面，充分发挥干部教育培训在海关业务改革和队伍建设中的先导性、基础性、战略性作用，以素质培养为中心，完善全面系统的培训内容体系，建立分级分类的培训对象体系，构建务实高效的培训方式方法体系，健全科学规范的培训制度体系，建设坚强有力的培训保障体系，着力构筑、完善、提升海关干部教育培训体系，提高干部教育培训的针对性、精确性、有效性。

（三）学院自身发展规律指明学院发展新目标。

学院自1984年建校以来，结合了广州和秦皇岛两地办学历史，并于2012年在秦皇岛重新挂牌，成为海关系统唯一一所专司培训的干部学院。在挂牌后将近10年的发展中，学院坚持立足海关、服务海关，建立了全院办培训的体制机制，确立了以培训工作为中心的办学思路和以学员为中心、以教学质量为核心的管理模式，形成了学院“精于服务、成于示范”的独特校园文化，学院的培训规模、培训质量、队伍建设、培训保障能力都上了一个新台阶。进入新发展阶段，对标国家对高等教育和干部教育培训的新要求，面对现代化海关建设的新机遇，必须进一步明确学院层次、办学定位，通过学科专业建设打造办学特色，通过打破办学壁垒构建不同生态圈，通过延伸学院工作链条提升造血能力，为学院发展注入新的生机和活力，在开放中创新，在创新中发展，不断形成螺旋上升的发展趋势，才能更好地服务国家战略和海关发展。

综合考虑内外部不同形势和要求，学院在“十四五”期间必须进一步明确在国家实行高水平对外开放中的定位，在建设社会主义现代化海关目标中的定位，在海关教育培训事业发展中的定位，在国际海关高等教育中的定位，找准方向、寻求突破。总体上看，建立以政治建设为统领，以教育培训、实训教学为中心，以学科专业建设和产学研一体化为重点，构筑与院校、海关及相关行业、国际交流合作教育培训生态圈，最终形成独具学院特色的教育培训文化的发展格局。具体来看，建立党委领导、专家治学、民主管理的学院治理工作格局；建立以学科专业建设为基础，以处科级及以下海关干部培训为主体，分类科学、层次合理、长短结合、多元互补的培训工作格局；建立以培训质量为核心，实训教学为重点，促进政治能力、业务能力、执法能力提升的教学工作格局；建立以学科专业为引领，聚焦海关改革发展需要、促进产学研一体化的科研工作格局；形成与高校、党校（行政学院）、干部学院交流合作的院校教育培训生态圈；形成与直属海关、行业协会、研究机构、龙头企业交流合作的海关、行业教育培训生态圈；形成与国际海关组织、外国海关、国外高校及研究机构交流合作的国际交流合作教育培训生态圈；最终形成校风优良、特色突出、发展目标明确的独具特色的教育培训文化。

三、指导思想、基本原则、主要目标

（一）指导思想。

高举中国特色社会主义伟大旗帜，全面贯彻党的十九大和十九届二中、三中、四中、五中全会精神，以马克思列宁主义、毛泽东思想、邓小平理论、“三个代表”重要思想、科学发展观、习近平新时代中国特色社会主义思想为指导，立足新发展阶段，贯彻新发展理念，构建新发展格局，坚持将改革创新作为根本动力，紧跟海关改革发展步伐，立足海关、服务海关，秉持“精于服务、成于示范”的校训，以建设具有海关特色、国际先进、国内一流的干部学院为目标，不断提高干部教育培训的针对性、精准性、实效性，为建设社会主义现代化海关提供有力保证。

（二）基本原则。

1. 以政治建设为引领。

坚持干部学院姓党，一切教学活动、一切科研活动、一切办学活动都坚持党性原则、遵循党的政治路线，切实增强“四个意识”、坚定“四个自信”、做到“两个维护”。从讲政治的高度来理解把握学院的每一项工作。在社会主义现代化海关建设中思考谋划学院未来发展。切实履行管党治党、办学治校责任，不断巩固马克思主义的指导地位，确保党的路线方针政策得到不折不扣的贯彻落实。

2. 以教育培训为中心。

充分发挥海关干部教育主阵地作用，将培训教学作为学院的中心工作，把培训质量作为学院生存的根本。不断创新教育培训理念，深化教育培训改革，围绕教育培训高质量发展需求来配置学院各项资源，进一步完善培训的班次体系、课程体系、教材体系、学科体系，着力提高教育培训水平。

3. 以海关特色为根本。

充分发挥学科专业的引领辐射作用，围绕海关发展战略目标，结合学院自身实际，凝练若干相互支撑、相对稳定、特色显著、优势突出的学科方向。完善协同管理的体制机制，加强资源和力量整合，克服学科或部门之间的壁垒局限，推动交叉合作、管理协同和科研联合攻关，以学科建设体现学院特色。

4. 以改革创新为动力。

发挥改革的突破性和先导性作用，增强改革创新精神，提高改革行动能力，勇于改革，善于突破，努力破除制约学院发展的障碍，不断推进办学模式、科学研究和学院治理等各方面创新，用改革创新为学院发展提供强劲动力。

5. 以开放合作为理念。

秉持双向开放的培训理念，立足海关、面向世界，深化校内、校外不同合作方向，主动服务海关和地方经济社会发展，主动参与高水平实质性国际合作与交流，积极拓展办学空间，谋求更多发展机遇，汲取更多办学资源，努力实现合作共赢。

（三）主要目标。

以建设具有海关特色、国际先进、国内一流的干部学院为总体目标。“海关特色”体现在形成有特色的海关干部教育培训学科专业体系；“国际先进”体现在积极参与相关国际组织，在国际海关规则制定中发挥积极作用，在海关监管培训和能力建设领域走在国际海关前列；“国内一流”体现在干部教育培训质量一流。到

2025年，学院按照一流干部学院建设目标，初步形成具有海关特色、国际先进、国内一流的干部学院的基本格局。到2035年，一流干部学院的内涵外延建设基本完成，实现具有海关特色、国际先进、国内一流的干部学院建设目标。

“十四五”期间，学院发展的具体目标为：

一流的政治院校建设。党员领导干部政治能力不断提高，学院各类宣传思想阵地建设和管理不断加强，推进习近平新时代中国特色社会主义思想系统权威进教材、生动有效进课堂、刻骨铭心进头脑，加强中国特色社会主义理论体系教育扎实有效，社会主义核心价值观建设持续推进，政治建院和基层党建工作取得良好成效。

一流的干部教育培训学科专业体系。按照夯实基础、增强特色、按需发展的原则统筹学科建设。改革学科组织发展模式，统筹优化学科资源配置，全面提升学科建设水平，健全学科布局与结构，突出海关特色学科建设，整体提升学科层次与水平。

一流的“三中心一平台”综合基地。主动适应海关监管业务改革发展，更加注重监管技术的转移转化，不断深化产学研合作，不断完善检测评估标准，建好中国海关防辐射探测培训中心、海关监管技术设备研发中心、海关监管查验技能实训中心和海关监管设备国际交流合作平台（简称“三中心一平台”），切实为海关业务发展和专业改革提供有力支持。

一流的干部教育培训质量体系。深化教学科研管理改革，突出教师主导作用和学员主体地位，办学质量不断提高。形成以习近平新时代中国特色社会主义思想为中心内容的理论教育更加深入、党性教育更加扎实、专业化能力培训更加精准、知识培训更加有效的教学培训格局。

一流的干部教育培训队伍建设。深化人事人才制度改革，统筹规划管理、专业技术、后勤服务等队伍建设，构建具有一定竞争优势的人力资源体系。加大人才引进和培育力度，汇聚优秀青年人才，造就一支信念坚定、师德高尚、业务精良的高水平干部教育培训队伍，为加快建成一流干部学院提供坚实的人才保证。

一流的特色海关智库建设。围绕海关特色，注重总结提炼，加强科研管理机制创新，搭建科研平台，发挥科研团队作用。创新科研组织形式，丰富研究成果，推动成果转化与应用，使科研工作更好地支撑学科建设、促进人才培养、服务海关发展。

专栏 2 “十四五”时期学院发展主要指标

主要指标		2025 年目标值	属性
党建工作	海关总署基层党建示范品牌（个）	≥2	约束性
	海关总署基层党建培育品牌（个）	≥2	预期性
	省部级以上优秀党员（个）	≥1	约束性
	省部级以上优秀党务工作者（个）	≥1	约束性
	省部级以上先进集体荣誉称号（个）	≥1	约束性
	省部级以上荣誉获得者（个）	≥1	约束性
	党员占教职工总数比例（%）	≥85	预期性
	“双带头人”基层党支部（个）	≥2	约束性
	重大党风廉政建设责任案件	0	约束性
教师队伍建设	教职工人数（人）	110	预期性
	专业技术人员（%）	70	约束性
	管理人员（%）	30	约束性
	专任教师（人）	≥60	约束性
	博士人数（人）	≥10	约束性
	硕士人数（人）	≥70	约束性
	双师型教师（人）	≥10	约束性
	院学科带头人（人）	3	约束性
	院专业方向带头人（人）	6	约束性
	院首席专家（人）	4	约束性
干部队伍建设	处级干部中年轻干部（40 岁以下）占比（%）	≥10	约束性
学科建设	海关特色学科专业数（个）	3	约束性
	海关特色专业方向数（个）	6	约束性
	从事特色学科专业教学研究人员数（个）	60	约束性
	围绕特色学科开发课程（个）	12	约束性
培训工作	年均培训规模（人天）	≥60, 000	预期性
	年均培训规模（人）	≥6, 000	预期性
	调训学员占学院培训总人天数比（人天）	≥50%	预期性
	调训学员占学院培训总人数比（人）	≥30%	预期性
	学科支撑（个）	3	约束性
	专业方向支撑（个）	6	约束性
	本校教师上课比例（%）	40	预期性
	自编教材（种）	12	约束性
	自建课堂教学精品课程（个）	12	约束性
	自建现场教学精品课程（个）	6	约束性
	教学方法（研讨式、案例式、体验式、情景模拟式）占比（%）	30	约束性
	省部级教学成果奖（精品课程、优秀教学研究成果、优秀教学管理成果）（个）	6	约束性

续表

主要指标		2025 年目标值	属性
科研工作	自建研究院（个）	1	约束性
	自建研究中心（个）	4	约束性
	科研人员（个）	60	约束性
	举办年度学术论坛、学术会议等科研活动（个）	4	约束性
	年均横向科研经费（万）	60	约束性
	年均纵向科研经费（万）	30	约束性
	国家课题项目（个）	1	预期性
	省部级课题项目（个）	5	约束性
	核心期刊论文（篇）	20	约束性
	专著（种）	10	预期性
	获省部级以上科研奖励（个）	2	预期性
国际交流合作	建立合作机制国（境）外海关数量（个）	2	预期性
	建立合作机制国（境）外海关院校数量（个）	2	预期性
	加入国际组织或联盟（个）	2	预期性
	年均参加重要国际海关会议并做报告人数（人）	5	预期性
	举办海关监管领域国际论坛（次）	3	约束性
	建立 WCO 地区实验室（个）	1	预期性

四、主要任务

“十四五”时期，学院将按照以党建为引领，党委、行政和纪委工作同谋划、同部署、同推进、同考核，扎实推动学院各项工作高质量发展的“1341 工作模式”，以政治建设为统领，围绕教育培训质量“一个中心”，突出学科专业建设和产学研一体化“两个重点”，构筑院校、海关和相关行业、国际交流合作“三个生态圈”，营造独具特色的教育培训文化，实现学院高质量发展。到 2025 年，学院办学定位、属性逐渐清晰，教育培训质量显著提升，学科专业体系逐步建立完善，“三中心一平台”建设初具规模，科研创新能力不断提升，对外交流合作局面初步形成。

（一）坚定不移加强政治建设，以高质量党建引领学院高水平发展。

海关是政治机关，是实行垂直管理体制的准军事化纪律部队，承担把关服务的重要政治使命。学院是海关的重要组成部分，每一项工作都要从讲政治的高度来理解把握，都要放到社会主义现代化海关建设中来思考谋划。

1. 完善学院内部治理结构。

坚持完善党委领导下的院长负责制，坚持党委的领导核心地位，保证院长依法行使职权，建立健全党委统一领导、党政分工合作、协调运行的工作机制。推动学院基层党组织标准化、规范化建设，实施“支部党建品牌培育计划”。研究实行“双带头人”制度，选拔党性强、业务精的学术带头人担任教师党支部书记。建立健全专家治学体制，建立教学委员会、专家咨询委员会等组织机构，充分发挥学术委员会作用。推进民主管理，建立学院教职工大会或代表大会制度，进一步发挥学院妇女委员会、团总支（青联）作用。认真落实党建主体责任和监督责任，着力加强风险防控，健全监督制约机制。发挥准军事化海关纪律部队建设领导小组职能，深化准军事化海关纪律部队建设。

2. 推进制度体系建设。

建立学院章程，明确办学宗旨、目标任务、内部管理体制及人事、财务活动等重大基本问题。健全党委与行政议事决策制度，完善党委会议事规则、院长办公会议事规则，不断提高贯彻执行党委领导下的院长负责制水平。修订学术委员会章程，制定教学委员会章程。根据教育部《教职工代表大会规定》制定学院教职工（代表）大会实施办法，明确大会职权、代表管理、组织规则、工作机构等。根据《事业单位工会工作条例》制定学院工会工作实施细则，明确组织建设、职责任务、工作制度、经费管理等。健全党风廉政建设和反腐败相关制度。完善准军事化纪律部队建设和内务规范管理相关规定。

3. 深化学院运行机制改革。

党委坚持民主集中制，实行集体领导和个人分工负责相结合，凡属重大问题必须按照集体领导、民主集中、个别酝酿、会议决定原则，由党委集体研究决定。院长办公会要紧密围绕学院改革发展稳定，科学决策、民主决策、依法决策。加强意识形态工作和基层党组织建设，落实《中国共产党支部工作条例（试行）》和《中国共产党普通高等学校基层组织工作条例》，组织党员按期参加“三会一课”，加强党务工作者培训。发挥学术委员会在学科建设、学术评价、学术发展和学风建设等事项上的重要作用，完善学术管理的体制、制度和规范。发挥教学委员会在教学内容改革、课程体系建设、教学模式和方法改革方面的作用。充分履行工会和教职工大会职能，实行学院重大改革、决策前置咨询、审核，推动信息公开，提升教职工参与度。坚持用好监督执纪“四种形态”，一体推进形成不敢腐、不能腐和不想腐的长效机制。突出重点环节，对执行民主集中制和“三重一大”事项决策过程，对采购、财务资金使用、基建工程、科研经费使用、选人用人等关键部位、岗位重点关注，做到监督常在、形成常态。注重日常管理，抓好内务规范细化、标准化，形成纪律作风建设的长效机制。

（二）以学科专业建设为抓手，提升学院特色。

围绕马克思主义理论、国家安全学和

法学 3 个一级学科开展学科专业建设，是学院内涵式发展的客观需求，也是“海关特色”办学目标的内在要求。

1. 建立符合学院实际的学科专业体系。

统筹学科定位与学院办学定位的关系，通过学科建设凝结升华学院办学优势，引领学院整体建设。在马克思主义理论、国家安全学、法学 3 个一级学科下，建立干部教育学、党建、海关监管理论和技术、跨境核安全管理、海关法、海关缉私 6 个专业方向。实现服务海关建学科、学科建设为海关、办好学科服务海关的学科建设思路，通过高水平的学科建设成果和贡献获取社会的支持，在服务海关的进程中锤炼学科实力，谋求更大的发展空间。

2. 编制学科专业发展规划。

按照“局部创优势、整体上水平”的发展思路，坚持“需求导向、质量优先、高端引领、特色发展、全面提升”的建设思路推进学科建设。立足学科发展现状，与学科发展趋势结合起来，科学分析优势、劣势、机会与差距。坚持循序渐进，科学设置短期、中期、长期目标，稳步推进学科建设。到 2025 年，初步形成满足海关干部培训需要、优势突出、特色鲜明、结构合理的学科体系。

3. 创新学科建设体制机制。

围绕学科专业建设需求调整学院内设机构设置，增加设立科研管理、教务管理部门。发挥学术委员会和教研室作用，努力打造科研创新团队，形成一支以学科专业带头人为龙头，以中青年学术骨干为支撑，具有稳定的研究方向和可持续发展能力的学术梯队。健全学科建设制度，强化目标责任，把结果管理和过程管理有机地结合起来。坚持学科特色、任务导向、虚实结合的原则，探索项目团队、中青年研究团队、研究所、协同创新中心、智库等多种形式的学科团队建设模式。健全平台和团队运行制度，形成“开放、流动、联合、竞争”的运行机制。

（三）以教学质量为核心，全面提升培训能力。

以学习贯彻习近平新时代中国特色社会主义思想为首要任务，大力加强政治训练、专业训练和执法训练，对照中央党校《省级党委党校办学质量评估办法（试行）》中教育培训相关指标要求，着力推进干部教育培训改革创新和高质量发展，着力提高干部教育培训的针对性、精准性、实效性，提升教育培训总体水平。

1. 构建教育培训内容体系。

以提高海关干部素质和能力为核心，紧紧围绕政治训练、专业训练和执法训练，构建系统完善的培训内容体系。坚持把党的基本理论教育、党性教育、廉政教育、准军事化纪律部队作风教育作为政治训练的重点，提升政治判断力、领悟力、执行力。以形势任务、总体国家安全观、海关全面深化改革、科技应用教育、构建外事工作格局为重点开展专业能力培训，以海关监管理论与技术、辐射探测等岗位为抓手开展岗位资质培训，强化岗位履职能力，提升资质岗位专业效能。系统开展法治观念教育、法律素养教育和执法技能培训，特别要加强海关法和反走私规定等立法项目学习培训，提高学员运用法治方式深化改革、推动发展、化解矛盾、维护稳定、应对风险的能力。

2. 建立分类分级培训班次体系。

以学科建设为基础，构建以处级及以下海关干部为主体，分类科学、层次合理、长短结合、多元互补的培训班次格局。以处级干部政治轮训、年轻干部党的理论和党性教育研修班二班，副处级领导干部任职培训、关衔晋升培训、新关员初任培训、执法一线科长（基层党支部书记）示范培训班等主体班次为重点，打造海关特色培训品牌。根据培训类别，合理安排政治训练、专业训练和执法训练的内容和比例。处级干部政治轮训要着眼于落实党中央重大决策部署，加强政治训练，提高政治站位，突出提高领导干部解决当前重大问题的能力。年轻干部党的理论和党性教育研修班二班要加强思想理论武装，突出提高领导干部运用党的科学理论解决海关工作实际问题的能力。副处级领导干部任职培训要以提高思想政治素质和履职能力为主要内容。关衔晋升培训要注重准军事化纪律部队作风建设，增强海关职业荣誉感和责任感。新关员初任培训要着力抓好准军事化纪律作风养成，抓好公务员通用知识和海关业务基础知识、执法素养与海关法律知识培训。执法一线科长培训要以提高抓基层党建、抓改革创新、抓依法行政能力为重点。

3. 健全教育培训制度体系。

完善需求调研制度。牢固树立按需施训理念，根据不同类别、不同层级、不同岗位干部队伍特点，运用多种方式，将需求调研贯穿训前、训中、训后全过程，研究基于岗位职责的教学计划、培训计划调研生成机制，把组织需求、岗位需求和干部需求有机统一起来。健全培训质量管理机制。建立教学管理制度，成立教学委员会，严格规范新课程开发、教学备课、教学实施、教学监督等环节，推进教学管理的科学化和规范化。完善培训流程和项目管理制度，提高学员管理的精细化水平。健全考核评价制度。根据培训对象和内容特点，丰富培训考核方式，采取考察、考试、实操等多种方式综合评价培训效果。优化业务资质岗位考核测评体系，完善考核测评流程环节与评价标准，加大实操技能水平考核在业务培训、岗位资质培训、执法一线岗位培训考核中的运用比例，构建基于能力素质、专业知识、实操技能多维度的综合测评模式。健全质量评估机制，加强评估指标体系研究，充分运用评估结果改进工作。完善培训质量评估，进一步细化培训设计、培训实施、培训管理、培训效果等评估项目指标。完善教学质量评估，健全由教学管理部门、学员、教师（或专家）等多方参与的教学质量评估机制，开展对教学立场、教学内容、教学方式、教学效果等的综合评估，评估结果作为教师改进教学、奖励、评优以及晋级的依据之一。

4. 完善培训保障体系。

以学科专业建设为基础，分类分级设计课程，重点打造体现时代特征、学院特色、海关特点，受学员欢迎的课堂教学精品课程12门。巩固现有现场教学成果，继续深挖地方培训资源，逐步打造6门特色鲜明、布局合理、具有一定影响力的特色现场教学精品课程。建立实训教学大纲，规范实训组织实施，逐步建立特色实训课程体系。立足学科支撑，加强教材建设，编写教材12本，同时积极参与总署的初任培训教材编写工作。切实遵循培训规律，积极借鉴现代培训理念，针对不同对象、不同专题和不同内容，综合运用多种教学方法，提高研讨式、案例式、体验式、情景模拟等方式所占学时的比例（不低于30%），实现培训需求和效果相统一。加强学员管理及学风建设，严格落实学员临时党支部组织生活制度，把准军事化纪律部队从严管理各项要求贯彻落实到干部教育培训全过程。运用互联网技术加强教学管理和学员管理系统建设，提高培训管理的信息化水平。充分发挥考试测评研究中心功能，加强与总署各司局、各海关单位合作，加强题库建设，实现题型多样化、主观题智能阅卷、成绩分析画像等功能。大力发展网络培训，建立符合时代特点和海关干部实际的网络培训新模式。统筹运用各类网络平台资源，充分发挥教学设计、学员管理、考试测评、特色开发等经验优势，丰富完善网络培训方法，建立完善配套的规章制度，规范网络培训的教学保障和组织管理，严把网络培训的政治关和质量关。利用学院丰富的实体培训资源，推动网络课程建设与应用。

（四）以突出实训教学为主要目标，全面推进海关总署监管技术研究中心项目建设。

按照“三中心一平台”功能定位，在北戴河新区全力建设好海关总署监管技术研究中心（下称“中心”）项目，为打造先进的、在国际上最具竞争力的海关监管体制机制提供技术保障和支持。

1. 持续推进海关总署监管技术研究中心项目建设。

项目总规划面积277亩（其中北区160亩，南区117亩），预计总建筑面积145,671平方米。其中一期规划总建筑面积12,671平方米，在北区建设教学、防辐射探测设备室外实景操作场地、室内探测模拟用房以及后勤保障区，并完成所有66,310平方米室外模拟操作场地的平整工作。一期工程2022年年底全部竣工，2023年投入使用，二期项目“十四五”期间正式动工。

2. 建设中国海关辐射探测培训中心。

建设货物、交通运输工具、旅客和邮

快件等室内外核辐射探测模拟通道，围绕核辐射探测设备的使用操作、定量定性分析、维护校准、个人防护以及核辐射探测系统使用等方面开展培训，提升海关关员利用辐射探测设备对运输工具、货物、物品、旅客进行全面立体探测的能力。搭建出口管制商品识别工作场景，配备商品识别设备和仪器，对关员开展业务培训，提升关员出口管制商品识别能力。加强与国家原子能机构、核安保技术中心等政府部门及研究机构的合作，通过内部交流合作，提高核辐射探测工作水平。进一步融入国际核安全防控体系，在辐射探测系统功能优化、辐射探测设备网络、报警数据库、报警评估技术支持体系建设等方面进一步与美俄等国及相关组织拓展研发合作，更好地发挥辐射探测设备在防范核材料及其他放射性物质非法贩运领域中的作用。

3. 建设海关监管查验技能实训中心。

结合中国海关现有监管作业场所（场地）及其各类海关监管设备配备和使用情况，按照进出境运输工具监管、货物查验、旅客通关及邮快件监管、监管设备操作、反走私等环节分别搭建实训环境，用于模拟开展海关运输工具登临检查、前置拦截、H986 大型检查设备查验、人工检查及后续处置、旅客通关、邮快件监管、口岸反恐、应急演练等多种实操培训。依托海关总署监管技术研究中心，建设全国反走私综合治理调查研究中心秦皇岛分中心，建立缉私警察实训基地、缉私技能培训基地。

4. 建设海关监管技术设备研发中心。

根据海关总署关于中心项目二期规划建设进程和海关重点监管装备需求，围绕口岸核安全监管、反恐防扩散、禁限物品检测，从通用设备二次研发和新型监管装备研制两方面，开展监管装备研发工作。包括大型集装箱/车辆检查设备、工业 CT 设备、小型 X 光机等射线类设备，基于拉曼光谱分析、离子迁移谱、X 荧光分析技术的物质识别设备，基于毫米波、背散射和太赫兹等技术的人体检查设备，以及各类固定式和便携式核生化前沿探测设备。

5. 建设海关监管设备国际交流合作平台。

根据海关总署关于中心项目二期规划建设进程，开展会展服务，集中进行监管现场设备应用展示、监管设备集中展示、监管查获典型案例展示和监管技术装备会展。增加精密分析设备和海关重点监管装备。举办一年一度的中国海关监管国际发展论坛，为全球海关、行业、企业和国际组织提供开阔视野、增长知识、交流合作的平台。

（五）围绕产学研一体化，全面提升科研能力。

打破部门组织形式统筹科研资源，搭建特色科研创新平台，健全科研质量评价体系，坚持“教研咨”并重发展路径，不断推进产学研一体化协同创新。

1. 创新科研组织形式。

建立海关与关务研究院，在组织形式上形成统一的研究团队。研究院下设若干研究中心，包括中国特色社会主义理论研究中心、党建研究中心、海关与国家安全研究中心、海关法律研究中心等。设立实验中心，建立首席专家制度，赋予专家对科研团队的组织管理权。发挥海关学会理事会作用，定期召开全体会员大会。成立公司，建设海关监管技术设备研发检测实验室，重点推进各类资质的申请工作，如辐射探测设备检定、校准、人员剂量监测、海关监管装备检测等，配套建设各类设备设施。形成集研究、研制、检测、运维乃至生产于一体的监管装备设备服务体系。

2. 搭建科研平台。

以海关与关务研究院为依托，创办年度国际性、全国性学术论坛，吸引优秀科研人员参与，公开出版论坛成果。以研究中心为依托，结合中心研究方向，围绕固定主题，定期举办相关领域专家学者、从业者和利益相关者参加的研讨会、论坛和沙龙等活动，交流研究成果、研讨学术发展趋势。以海关学会为依托，定期举办全院范围的学术会议和征文活动，继续办好“书香管干院”讲坛。以实验中心为依托，建立若干个实验室，每个实验室分别制订发展规划和实施方案。以市场为导向，以质量为根本，把公司建立成产学研一体化的试验田。提高内部刊物办刊水平，将刊物办成学院特色学科专业研究成果的展示平台。

3. 不断积累研究成果。

以海关与关务研究院为主体，实现国家级课题立项零的突破，省部级课题立项数量逐年增加，不断提高学院科研项目层次。拓展横向课题申请渠道，增加各部委、行业协会、国有企业和跨国公司的课题立项数量。开展关务事项决策咨询，出版白皮书或蓝皮书。以研究中心为主体，开展细分领域的课题研究或决策咨询工作。以实验中心为主体，开展标准建设、实验检测和设备研发工作。以公司为主体，做好产品和服务的市场应用、市场推广，全力提升经济效益。积极参加中国海关学会和天津分会的征文活动。

（六）加强交流合作，逐步构建发展生态圈。

坚持开放办学，加强与国际、国内院校、海关、组织及相关行业的交流合作，提升学院影响力。

1. 打造院校合作生态圈。

加强与国内高校、党校（行政学院）、干部学院的交流。重点与对外经济贸易大学、上海海关学院、燕山大学等高校，与中国纪检监察学院、国家税务总局党校、秦皇岛市委党校等党校，与浦东干部学院、井冈山干部学院、延安干部学院、古田干部学院、李大钊干部学院等干部学院建立联系，在学科建设、人才培养、队伍建设、科学研究、文化建设等方面加强合作，共同搭建学习交流平台、科研交流平台、文化交流平台、学科建设平台和队伍建设平台。

2. 打造海关和行业合作生态圈。

立足海关办好学院，办好学院服务海关，落实与相关海关的合作备忘录要求，提升合作层次、拓宽合作领域，通过承办培训、联合研究、开展“送教上门”、举办文化活动、互派人员学习锻炼等方式，提升合作水平。加强与中国报关协会、全国关务职业教育教学指导委员会、全国检验检测认证职业教育集团、中国应急管理学会核应急管理工作委员会、中国军控与裁军协会、中国核学会、中国辐射防护学会等相关行业单位的联系，围绕行业培训、产学研转化、社会服务等方向打开合作空间。搭建与中国原子能科学研究院、中国海关科学技术研究中心、海关总署研究中心、中国检验检疫科学研究院、对外经济贸易大学关务研究中心、上海海关学院海关与经贸研究院以及公安、民航等系统的研究机构之间的合作渠道，建立常态化合作机制，共同开展相关领域学术研究。与华为、中兴、同方威视、欧坚网络等企业建立紧密的合作关系，探索开展海关监管查验、核辐射检测等领域的社会服务，提高在海关监管装备、技术支撑的社会化、产业化服务等方面的合作水平。

3. 打造国际交流合作生态圈。

建立与相关国际组织的合作机制。建立学院与国际原子能机构（IAEA）等政府间合作组织和相关政府部门的长效合作机制，申请成为国际原子能机构（IAEA）“一线官员协作中心”，申请国际原子能机构（IAEA）相关课题和培训项目。密切和世界海关组织（WCO）的合作，申请建立世界海关组织（WCO）地区实验室，推动学院主导制定的相关行业标准上升为世界海关组织（WCO）全球标准，积极承担世界海关组织（WCO）国际培训项目，精心设计国际教育培训项目，推动学院初任培训项目成为世界海关组织（WCO）示范案例。加入国际海关大学联盟（INCU），参加海关学术研究与发展伙伴（PICARD）大会，鼓励教职工在世界海关组织（WCO）学刊发表文章。和荷兰海关建立合作机制并纳入中荷海关年度合作项目中，定期派员赴荷兰海关跟班作业，共建海关监管技术研究的实验室，签订荷兰海关国家实训中心与海关总署监管技术研究中心合作备忘录。加强与美国能源部、俄罗斯海关的合作。建立与俄罗斯海关学院、德国海关学院、德国国际贸易和海关研究所、荷兰方提斯应用技术大学、荷兰伊拉斯姆斯大学等国外高校和科研机构的合作机制，互派人员讲学、访学、留学，参加国际学术交流等活动。

（七）加强队伍建设，推动学院高质量发展。

立足干部教育培训发展需要，针对学院发展重点任务，着力打造一支忠诚、干净、担当的教职工队伍。

1. 优化干部队伍结构。

坚持正确用人导向，进一步完善中层干部选拔任用办法，加大学院干部交流力度，通过多岗位锻炼培养干部队伍素质。进一步优化中层领导班子结构，搭建好干部队伍梯队建设。大力培养选拔任用青年干部，通过岗位交流、挂职锻炼、担任临时重大项目负责人等方式考察年轻干部。制定出台年轻干部培养选拔任用制度，让能干事、干成事的年轻干部早日走上领导岗位。

2. 培养高素质师资队伍。

大力推进高层次人才引进和培养工作，引进或培养 3 名高层次学科带头人，发挥学科带头人在学科建设、科学研究、应用创新、国际合作等方面的引领作用。在学科带头人的带领下，培养或引进 6 名学术骨干，打造学术团队。进一步提升师资队伍水平，出台制度鼓励教师攻读博士、硕士学位。提升专职教师教学水平，鼓励教师到国内外高层次大学、研究机构进行访学，拓宽视野。利用好兼职教师资源，通过专兼教师“结对子”“拜师傅”等方式培养一批既懂理论又具有丰富实践经验的师资队伍。培养“双师型”教师，建立教师到海关或行业交流、跟班学习、调研机制，与海关企业联合开展研究。

3. 提升服务保障水平。

完善合同制员工管理体制，根据岗位和贡献度不同设置不同的级别和薪酬标准，建立起有一定梯队和区分度的服务队伍。广泛开展各服务岗位技能大比武，推荐人员参加高层次的技能培训、竞赛，在竞赛中选树服务品牌。加强对外交流合作，采取走出去、请进来的方式，创新服务理念、提升服务人员素质。

4. 改革完善体制机制。

机构设置与人员编制进一步向教学、科研和培训管理等工作岗位倾斜。积极探索建立符合干部教育培训特点的师资考核评价体系和职称评定、岗位聘任办法，探索建立符合学院教师成长发展的培养路径。进一步完善学院人事制度、财务制度。建立符合干部教育培训体系的规章制度体系，制定和完善支持教学科研人员参加各种学术活动和培训制度。建立事业发展与绩效工资动态调整机制，加大重点岗位和重要人才的绩效支持力度。

（八）坚持以文化人，打造独特的教育文化。

坚持文化引领，全力构建风清气正、积极向上的育人环境，积极营造“校风优良、教风严谨、学风浓厚、作风过硬”的校园文化氛围，为建设一流干部学院营造良好氛围。

1. 丰富精神文化。

加大校训、校徽等学院办学精神宣传，把学院的办学理念、育人思想渗透到校园环境和教育培训之中，内化到师生的内心，传递校园精神文化内核，激发教职工干事创业内驱力。强化校园文化符号标识，设计并广泛使用制作印有学院标识的文创产品，提升学院品牌形象。办好校史馆、图书馆，编写校志，讲好学校故事，提高学院的知名度。推进学院荣誉体系建设，增强学院向心力、凝聚力和战斗力。举办校友会、建校40周年校庆活动，强化师生的认同感、归属感，以文化凝聚人心。

2. 打造物质文化。

以新校区建设为契机，大力完善校园环境设施，注重传统、挖掘特色、整体规划，创设文化设施，打造优美舒适、特点突出的校园环境和处处见文化、时时有文化的校园文化氛围。分别提取海关、学院、秦皇岛、海关监管4方面文化元素，建设“海关史”“青春管干院”“大美秦皇岛”“国门安全”4大主题园区，展现深厚海关文化底蕴和独特学院文化风采。整洁校容校貌，从净化、美化、绿化入手，建立周边、校区导引系统、景观系统，以具有海关和学院渊源的典故为学院楼宇、道路、亭台楼阁等命名，加强形象识别、价值赋能，用仪式感召唤教职员工内部自觉，用氛围引导外部认同。

3. 完善制度文化。

规范日常管理，锤炼“政治坚定、业务精通、令行禁止、担当奉献”的准军事化纪律作风，规范内务规范和行为礼仪。建立健全教学管理、培训管理、行政管理等各项规章制度，养成照章办事、高效规范的制度治校氛围。依照制度修订完善部门及岗位工作职责、办事程序，严格按规范办事。对制度执行情况定期督察与评估，确保制度落实。

4. 塑造行为文化。

定期开展业务技能培训，鼓励支持教职工提升学历、课题研究、国内外访学等，积极举办校内论坛、读书会、英语角等学习活动，加快推进学习型组织建设。开展丰富多彩的教学竞赛、技能大比武、科技服务、困难帮扶、凝聚力建设等活动，提高服务管理水平，做好教育培训服务。组织教学工作会议、科研工作会议、科技工作会议、创新沙龙等，激发组织活力。

（九）改善办学条件，提高服务保障水平。

科学规划、高标准建设新校区基础设施，不断完善综合保障能力，用一流服务保障能力支撑一流干部学院建设。

1. 做好基础设施项目建设。

持续推进海关总署监管技术研究中心项目建设，进一步加快主院区基本建设，完善两个院区合理规划和功能分区，全面提高基础设施的支撑能力。完成餐厅、体育馆资产确权工作。完成学院建筑物安全鉴定评级工作。完成西校区初任培训学员实训综合楼项目建设及学院东西院环境软硬景建设优化改造。到2025年，学院主校区校园面积达到46, 612. 79平方米，建筑面积达到63, 837. 77平方米；北戴河校区校园面积达到184, 776. 31平方米，建筑面积12, 671平方米。

2. 充分发挥科技支撑保障作用。

推进“智慧校园”2.0建设，继续完善应用系统，实现人、流程和信息三个层的全面整合，融合各类智能硬件设施形成全面感知、高效协作的智慧校园智能化平台，新建信息化平台数量不少于3个。加大移动应用力度，构建“大平台+小终端+微服务”的信息化模式。完善“一卡通”系统，实现软硬结合的自助服务。支持海关监管技术研究中心项目高标准建设，突出信息化、大数据技术支撑，建立与主校区的网络系统对接。完善对外接入局域网建设，优化云计算平台性能，提升网络安全防范能力，确保不出现重大网络安全事故。积极推进国产化替代，完成基础设施和应用系统的国产化适配工作，实现整体信息系统平稳过渡。

3. 构建具有海关特色的图书馆馆藏资源体系。

改善文献资源结构，建设以马克思主义理论、习近平新时代中国特色社会主义思想理论为核心、党的建设与干部教育为重点、海关监管与海关缉私为基础、辐射防护与核安全为特色的复合多元资源体系，建立教学专题特色数字资源库，建设海关教育培训文献资料中心。设立图书馆工作委员会，及时了解学科专业、科研的发展动态及资源需求，共同探讨和推进图书馆自有特色资源库建设。拓展数字资源收集和引进渠道，利用学院特色数字资源，提供多元化知识信息服务。加强与干部院校、上海海关学院等院校的交流与合作，通过优势互补，实现资源共建共享。将图书服务延伸到教室，设置培训专题参考书架，方便学员学习阅览。与海关出版社合作设立学院实体书店，授权出售部分图书、学院文创产品等。到2025年，纸质图书达8.7万册，电子图书（本地镜像）达47万册，特色馆藏达3,000册，重点学科图书采购经费占比为80%，服务满意率达到95%。

4. 深化财务资产改革。

建立预决算委员会，加强预决算管理。健全“过紧日子”长效机制，加大结转资金、当年预算等各项资金统筹力度，按照有保有压、量力而行的原则，合理安排各项支出。到2025年，预算达到8,200万元左右，其中自收占比达到55%。加强财务制度建设，完善内部风险防控机制，规范科研项目经费管理。全面加强预算绩效管理，优化资源配置，提升预算执行效能，年度预算执行率达到98%。建设财务管理信息化平台，提高财务管理信息化、智能化水平，全面推进智慧财务建设。科学管理学院资产，搭建资产管理信息平台，到2025年预计学院固定资产总额达到7.35亿元。

5. 全面提升服务保障能力水平。

强化后勤服务保障体系建设，建立健全以安全保卫、防火防爆、应急处突为核心的安防体系。建立以客房、膳食、卫生医疗为核心的保障服务体系，以抵离交通和市内交通为核心的交通服务体系。加强信息化建设，逐步实现后勤动态化、可视化与智能化服务，实现学员满意度大数据分析，建设“智慧后勤”，确保学院服务（餐饮、体育建设、维修、动力保障、交通）满意率评分不低于95分。逐步完善制度、流程管理，通过技术节能、管理节能、行为节能，建设绿色校园。到2025年，主校区节能指标达到50%，北戴河校区节能指标达到65%；主校区绿化率达到35%，北戴河校区绿化率40%。建立建筑物、消防设施等定期安全鉴定评级和排查机制，持续完善突发事件应急预案，建设平安校园。

五、保障措施

本规划是学院“十四五”时期的发展蓝图，必须从组织、计划、协调和控制等方面强化实施保障，确保目标任务顺利完成。

（一）健全规划工作组织领导。

党委会议、院长办公会议及时研究和解决“十四五”规划实施中的问题，督促重点工作推进落实。根据总体规划要求，编制学科专业、人才队伍、教育培训、科研、科技等专题规划，以及学院治理体系、实验实训、国际交流、校园文化、服务保障等工作方案，形成规划合力。学院根据规划的要求，制订每年年度计划和工作要点。各部门细化落实本规划提出的各种举措，根据规划切实制订好年度计划，提出每年度具体工作部署，分年度有步骤地组织实施规划。

（二）科学配置资源。

“十四五”期间，学院财务预算要与重大项目实施相衔接，加大资金整合力度，确保投向关键环节与重点领域。实行规划目标责任制，进一步明确责任主体和实施进度要求，分解明确年度目标、工作指标和推进措施，确保目标任务顺利实现。

（三）加强规划实施评估。

加强对规划实施的组织、协调和督导，学院定期对规划实施过程、进度和效果进行跟踪分析，有效把握规划建设的总体进展。在规划实施过程中，根据外部环境的变化和学院事业发展的需要，可进行必要的调整和充实，经过一定的审议程序后报党委会批准。

附录

学院“十四五”规划任务分解表

一、2021年度

1. 制定教学委员会章程

修订学术委员会章程

学科带头人遴选办法

专业带头人遴选办法

首席专家制度

教师产学研制度

教师国内外访学制度

教师攻读博士、硕士办法
明确教师学科专业归属

2. 成立教学委员会

聘任委员会
预决算工作委员会
妇女委员会
图书馆工作委员会

3. 召开教职工大会

4. 设立海关监管技术设备研发检测实验室

设立全调中心秦皇岛分中心
设立海关教育培训考试测评中心
获批 IAEA“一线官员协助中心”
参加 PICARD 大会
申请加入 INCU
与荷兰海关建立合作机制
申报援外培训承办资格

二、2022 年度

1. 制定学院章程

制定教职工代表大会办法
制定工会工作实施细则
制订学科专业发展规划
制定教学成果培育和评定办法
制定教学成果奖励办法
制订年轻干部培养方案

2. 成立专家咨询委员会

成立中国特色社会主义理论研究中心
成立党建研究中心
成立海关与国家安全研究中心
成立海关法律研究中心
成立校友会
成立产学研平台

3. 召开教职工代表大会暨工会委员会代表大会

召开教学工作会议
召开科研工作会议
举办中国海关监管国际发展论坛
参加 PICARD 大会
申请 WCO 地区实验室
启动校志编写
启动校园文化规划和建设
启动智慧校园 2.0 建设
启动图书馆特色馆藏建设

4. 开展学院办学质量评估

5. 承担援外培训

6. 服务岗位技能大比武

7. 北戴河新校区一期竣工

三、2023 年度

1. 成立海关与关务研究院

2. 召开教职工代表大会暨工会委员会代表大会

召开教学工作会议
召开科研工作会议
召开科技工作会议
举办中国海关监管国际发展论坛
参加 PICARD 大会

3. 制订教学质量评估整改工作方案、开展一流干部教育培训质量建设

4. 北戴河新校区一期启用

四、2024 年度

1. 召开教职工代表大会暨工会委员会代表大会

召开教学工作会议

召开科研工作会议

召开科技大会

举办中国海关监管国际发展论坛

参加 PICARD 大会

2. 开展一流干部教育培训质量建设

五、2025 年度

1. 召开教职工代表大会暨工会委员会代表大会

召开教学工作会议

召开科研工作会议

召开科技大会

举办中国海关监管国际论坛

参加 PICARD 大会

2. 一流干部教育培训质量建设工作总结

3. 庆祝建校 40 周年

出版校志

智慧校园 2.0 建设验收

图书馆特色馆藏建设验收

4. 北戴河新校区二期竣工

在 2021 年学院工作会议上的讲话

中国海关管理干部学院院长、党委副书记 陈 晖

（2021 年 3 月 12 日）

这次会议的主要任务是：以习近平新时代中国特色社会主义思想为指导，深入贯彻党的十九大和十九届二中、三中、四中、五中全会精神，认真落实 2021 年全国海关工作会议和全国海关全面从严治党工作会议精神，总结工作，分析形势，部署 2021 年主要工作。

一、2020 年和“十三五”时期工作回顾

2020 年，注定是不平凡的一年。学院全体教职工在总署党委的坚强领导下，坚持以习近平新时代中国特色社会主义思想为指导，以“五关”建设为统领，严格落实倪岳峰署长、胡伟副署长来院讲话要求，统筹做好新冠肺炎疫情防控与干部教育培训，较好地完成了 2020 年主要工作目标。

（一）政治建校进一步突出。

持续深入学习习近平新时代中国特色社会主义思想和党的十九届四中、五中全会精神，坚持把习近平新时代中国特色社会主义思想作为培训的重中之重。全面贯彻落实习近平总书记关于干部教育培训工作的重要论述，将其作为学院办学的根本遵循。把学习领会、贯彻落实习近平总书记重要指示批示精神作为形势分析及工作督查例会“第一议题”，全年共学习贯彻落实习近平总书记重要指示批示精神 7 项。把制止餐饮浪费作为监督检查重要内容，持续一个月紧盯学员和教职工用餐，以有力监督制止餐饮浪费行为。

（二）新冠肺炎疫情防控取得阶段性胜利。

疫情发生后，学院迅速建立疫情应对机制，成立由党委书记、院长担任双组长的疫情应对工作领导小组。研究下发《中国海关管理干部学院办公场所及家属院新型冠状病毒肺炎疫情防控工作方案》《中国海关管理干部学院培训期间疫情防控工

作方案》等方案、通知20余份。积极配合地方政府，成立应急值班队伍，对家属院和校园实行严格封闭管理。建立学院疫情防控工作群，严密排查教职员工健康情况。加强与属地疾控机构、就近定点医疗机构的沟通协调，提升学院疫情防控的应急处突能力。积极筹措疫情防控物资，确保学院及家属院防疫物资保障到位。高标准严要求做好校园卫生防疫工作。通过全体教职员工一年的努力，做到了251名教职员工和家属院146户居民“零感染”，切实保障了全体教职员工和培训学员的生命安全和身体健康。

（三）干部教育培训主阵地作用充分发挥。

2020年，学院共开展各级各类培训54期，培训3,746人次，39,468人天，在疫情防控常态化背景下圆满完成了总署交办以及各海关单位委托的培训任务。坚持“一班一策”，根据培训需求，量身制订培训方案，量身设计教学模块，量身安排特色课程，实现需求和效果有机统一。成立现场教学课程团队，按照“课堂+现场教学点”培训模式开发现场教学课程3项，组织开展现场教学24期。发挥骨干教师的传帮带作用，开展全院首届授课技能比武活动。扩大培训师资聘请力度，建立培训师资库和教案库，年内共聘请兼职教师156人，其中系统内129人、系统外27人，新增师资56人。把好教师聘请、课堂教学、教师考核、上岗培训4个关键环节，严肃课堂政治纪律。顺利完成海关公文、党史等6类题库建设，命题10,319道，组织了15场次966名参训学员上机考试，提升了培训考试的科学化、信息化水平。

（四）海关总署监管技术研究中心建设取得突破。

2020年上半年，中心项目获得了国家发展和改革委员会初步设计方案和投资概算的批复及中央预算内投资计划。学院第一时间向河北省、秦皇岛市、北戴河新区三级政府部门发函申请转发该批复，并在取得基建计划通知单后立即着手推动项目建设。2020年11月20日，中心项目正式动工，第一期规划总建筑面积12,671平方米，计划2022年6月建成。自立项以来历时近十年，这一关乎学院未来长远发展的项目建设终于取得重大突破。

（五）科学研究与科技创新持续加强。

召开了学院第三次科研工作会议，对学院科研工作面临的形势和任务进行深入分析，谋划学院未来科研发展方向。修订原有科研制度，编制学院科研发展五年规划，“教学出题、科研答题”的教研一体化格局基本形成。全年共承担国际原子能机构全球协作研究项目1项、署级科研课题4项，立项各级各类课题35项，其中市级（司局级）课题17项，院级课题18项，发表学术论文52篇，拟出版专著2本，已出版译著1本。9项课题被评为秦皇岛市社科联三等社科研究成果。科技创新在教育培训中的应用力度不断加大，完成监管设备可视化平台建设，实现了海关设备各种信息资源的有效整合。开展学院基础设施云深化应用和信息化基础设施资源底账梳理工作，资源综合利用率进一步提升。

（六）队伍建设得到加强。

坚持以教师队伍为核心，专业技术、管理、合同制员工 3 个队伍协同发展。开展了 12 名干部的试用期考核工作，进行了 1 名副处级干部选拔任用以及 7 名新入职人员转正定级工作。完善职称管理工作，向总署上报了《专业技术岗位聘任管理办法（试行）》。推动绩效工资改革落实，将岗位职责、工作业绩、实际贡献相结合，充分调动教职工的工作积极性。完成工会换届选举，组织开展文化讲座、休闲体育、摄影大赛等各类活动 7 次。开展了线上“防疫知识答题”、《习近平谈治国理政（第三卷）》集体学习、《论语》读书角等青年活动。做好离退休服务保障，传递学院的关心和温暖。

（七）基础能力稳步提升。

通过开展“基础能力提升工程”，持续完善学院内部管理与基础设施建设。制定、修改各种制度 53 项；严格规范公文处理流程，提高公文办理质效；对总署审计组提出的 21 项具体问题，及时做好整改落实。组织开展等级保护测评工作，加强关键信息基础设施安全防护；开展网络安全攻防演习，抓实抓细各项网络安全防护措施；落实数据安全专项行动方案，采取查系统、查人员、查出口“三查”措施有效堵塞数据风险漏洞。组织修订《重大财务事项集体审批实施办法》等 6 项财务管理制度；首次实行预算公开化，提高预算执行力和质量。大力推动学院初任学员实训综合楼项目建设，改造老旧宿舍楼、教室，加装热水器、空调等基础设施。

（八）纪检监察工作扎实推进。

以调研为监督手段，深入 9 个处室 5 个党支部，有针对性地开展监督提醒。对执行民主集中制和“三重一大”事项决策过程，及采购、财务资金使用、基建工程、选人用人等关键部位重点关注，综合运用多种方式，做到监督常在、形成常态。全流程跟踪调研海关总署监管技术研究中心项目建设，推动基建部门落实廉政风险防控主体责任，针对工程招投标开展专项检查。加强与秦皇岛市纪委监委的联系配合，开展廉政警示教育、廉政基地参观等活动。建设党风廉政文化室、廉政文化廊，打造廉政文化宣传阵地。

（九）全面从严治党不断深入。

学院党委班子带头加强自身建设，严明政治纪律和政治规矩，不断夯实管党治党主体责任。各党支部以“四强”党支部为着力点，充分发挥战斗堡垒作用，按照“一支部一品牌、一品牌一特色”的要求，创建支部特色党建品牌。教育培训党支部、监管技术研究中心党支部分别被评为全国海关基层党建示范品牌、全国海关基层党建培育品牌单位。建立学院《贯彻落实中央八项规定精神正面清单》《贯彻落实中央八项规定精神负面清单》。紧盯重点环节、重点领域，严密防范违反中央八项规定精神行为、“四风”隐形变异的新动向新问题，营造风清气正良好氛围。

2020年是“十三五”收官之年。在过去的5年里，学院始终以习近平新时代中国特色社会主义思想为指导，紧密围绕海关工作大局，各项事业实现跨越式发展，各项工作取得长足进步。

5年来，学院的教育培训规模不断扩大，2016—2020年，年平均办班115期、6, 236人次、65, 677人天，较2015年分别增长16. 2%、人次增长64. 7%、人天增长27. 7%。科研水平不断提高，出版学院干部教育培训研究丛书14册，形成各级各类科研成果289项。队伍建设不断加强，“三定”工作顺利完成，调整内设机构，开展了干部选拔任用和全员岗位聘任；打通职称评审通道，多人取得新的职称资格；实施绩效工资分配，实现多劳多得、能者多得。党的建设不断深入，坚持民主集中制，党委领导核心作用充分发挥；实施“强基提质工程”，党支部战斗堡垒作用全面夯实；坚持严管厚爱相结合，清廉海关建设持续推进。

回顾“十三五”时期学院的发展历程，可以提炼出以下几方面经验：一是要坚持党建为引领，推动学院全面发展；二是要坚持立足海关、服务海关、突出海关办学特色；三是要坚持以培训工作为中心的办学理念；四是要进一步深化全院办培训的体制机制；五是要继续构筑以学员为中心、以教学质量为核心的管理模式；六是要做到教学出题、科研答题，通过科学研究促进教学能力水平提高；七是要坚持饭堂、课堂两手抓的工作思路；八是要坚持共建、共享，建设和谐校园；九是要坚持队伍建设协同发展。

同志们，回望过去，学院工作取得了较大进展，但仍然存在一些问题。突出表现在：一是培训规模不稳定，制约学院长远发展；二是师资力量仍显薄弱，专职教师人员少、年龄结构不合理，与学院的功能定位不相称；三是创新意识与创新能力还不够，没有真正以改革创新推动学院全方位发展；四是办学特色不够突出，与其他干部学院、系统内其他培训机构相比，缺乏自身特色；五是服务海关的能力、水平还不够，离总署领导对我们的要求还有一定差距；六是教职工队伍凝聚力、活力还有待进一步增强。这些问题，必须引起我们的高度重视，在下一步工作中下大力气加以解决。

二、当前的形势与任务

立足新发展阶段、贯彻新发展理念、构建新发展格局，是党中央着眼于“十四五”乃至更长一个时期党和国家事业发展全局作出的重大战略部署。在2021年全国海关工作会议上，倪岳峰署长强调，要“深刻认识新发展阶段的新特征新要求，完整、准确、全面贯彻新发展理念，从全局和战略高度准确把握海关工作面临的新形势新任务”。2020年10月，他在来院调研时，对学院未来发展提出了“突出政治建校，深入贯彻落实习近平总书记重要批示精神；加快推进办学模式创新，推动实现高质量特色办学；坚持高标准高质量，加快推进总署监管技术研究中心项目建设；充分发挥智库作用，围绕海关工作大局，加强分析研究工作；坚持全面从严治党，大力加强学院自身建设”五方面具体要求。要想实现学院的跨越式发展，做好今后一个时期的各项工作，我们必须准确把握学院的新发展阶段、新发展理念、新发展格局，将倪署长对学院的各项要求落实到位。

（一）准确把握新发展阶段。

新发展阶段，既是对当前发展形势的分析，也是对未来发展目标的指向。习近平总书记指出：“全面建成小康社会、实现第一个百年奋斗目标之后，我们要乘势而上开启全面建设社会主义现代化国家新征程、向第二个百年奋斗目标进军，这标志着我国进入了一个新发展阶段。”在开启全面建设社会主义现代化国家新征程这一宏大背景下，总署党委提出海关工作新的发展阶段就是要建设社会主义现代化海关。副署长胡伟在2021年全国海关政治部主任会议上着重强调，“教育培训工作是建设社会主义现代化海关的重要保障，是一项基础性、战略性工程，中国海关管理干部学院要加快推进办学模式创新，优化教学方法手段，推动实现高质量特色办学。”对学院来说，新发展阶段的目标，就是立足服务社会主义现代化海关建设，以建设具有海关特色、国际先进、国内一流的干部学院为目标，不断提高教学培训质量。具体来讲，有海关特色就是要立足海关、服务海关、坚持政治能力与业务能力并举，突出实训能力培养，围绕海关相关学科专业建设，开展教育培训，在全国干部学院里形成鲜明的海关教育培训特色；国际先进就是要紧盯国际海关发展前沿，积极与WCO（世界海关组织）、INCU（国际海关院校联盟）、IAEA（国际原子能组织）等有关国际组织发展与交流，和国际一流海关院校合作，开展培训项目国际认证，积极参加国际海关规则的制定，在国际海关舞台上发出中国海关管理干部学院的声音；国内一流就是要在系统内做到干部教育培训能力第一、规模第一、质量第一“三个第一”，在系统外做到不可替代。

（二）准确把握新发展理念。

理念是行动的先导，发展理念从根本上决定了发展的成效。在新的发展阶段，我们更要完整、准确、全面地贯彻新发展理念，用新发展理念引领学院各项工作实现新发展。尤其是要发挥创新在推动实现学院高质量特色办学中的关键作用，把改革创新作为学院工作的根本动力。一是要创新办学模式，深化教学改革，优化教育结构、学科专业结构、人才培养结构，推进办学理念、教学方式改革创新，遵循干部学习特点，提高干部教育培训的质量和效益；二是要创新教学方法手段，实现从注重知识传授向重视能力和素质培养的转变，狠抓教学质量，增加实操性培训占比，打造初任培训基地、一线执法科长培训等海关特色培训品牌；三是创新人才培养机制，提升师资整体水平，努力建设高素质、高水平、专业化的师资队伍；四是要继续加强科研创新，充分发挥自身的教学科研优势，立足大局，围绕宏观政策和海关中心工作，加强分析研究，发挥好“智库”作用，推进教研一体化，更好服务宏观决策。

（三）准确把握新发展格局。

“十四五”规划建议提出要加快构建以国内大循环为主体、国内国际双循环相互促进的新发展格局。构建新发展格局，事关全局的系统性、深层次改革，也是立足于当前、着眼长远的一个战略性谋划。构建学院的新发展格局，就是要紧跟海关改革发展步伐，积极谋划和构建学院“十四五”发展新格局，具体来讲就是要进一步明确学院在国家实行高水平对外开放中的定位，在建设社会主义现代化海关目标中的定位，在海关教育培训事业发展中的定位，在国际海关高等教育中的定位。要始终坚持 3 个导向。一是以问题为导向，要树立强烈的问题意识，以重大问题为导向，抓住关键问题不断研究和思考，通过找到自身的短板和不足，以问题倒逼改革，以问题促进发展；二是以需求为导向，立足海关干部教育培训工作实际，准确把握综合管理、行政执法、专业技术等各类干部教育培训的需求特点，优化培训结构、师资队伍、教学布局；三是以效果为导向，空谈无用、实干兴邦，工作做得好不好，改革成果显不显著，还是要看最终成效，要严格对标对表，展现担当作为，以功成不必在我、功成必定有我的精神做好各项工作。

2021 年是实施“十四五”规划、开启全面建设社会主义现代化国家新征程的第一年，所有工作都要围绕开好局、起好步来展开。学院党委行政研究认为，2021 年学院工作的总体要求是：以习近平新时代中国特色社会主义思想为指导，深入贯彻党的十九大和十九届二中、三中、四中、五中全会精神，认真落实全国海关工作会议、全国海关全面从严治党工作会议精神，不断增强“四个意识”、坚定“四个自信”、做到“两个维护”，立足新发展阶段，贯彻新发展理念，构建新发展格局，坚持将改革创新作为根本动力，紧跟海关改革发展步伐，以建设具有海关特色、国际先进、国内一流的干部学院为目标，以学院“十四五”规划为抓手，全院上下统一发展思想，明确发展目标，马上就办、真抓实干，锲而不舍、一以贯之，以优异成绩庆祝建党100周年。

三、高质量做好2021年工作

（一）深入推进政治建校。

深入学习贯彻习近平新时代中国特色社会主义思想。以党委中心组学习为龙头，组织干部参加党的十九届五中全会精神轮训和专题培训，加强青年教职工理论学习。坚持把习近平新时代中国特色社会主义思想作为培训的重中之重，将其作为学院办学的根本遵循，在制订教学计划时重点部署、设计教学项目时重点安排、配置教学资源时重点保障。

坚定不移加强政治建设。持续推进政治机关意识宣传教育，落实意识形态工作责任制。参加海关及地方工委模范机关创建。组织开展“党旗在基层一线高高飘扬——以实际行动庆祝中国共产党成立100周年”“我为群众办实事”活动。巩固深化巡视整改成果。坚持“第一议题”制度，坚决贯彻落实习近平总书记重要指示批示精神和党中央决策部署。以为教职工办实事为着力点，增强教职工幸福感和归属感。

推进党建工作高质量发展。以党委班子建设为龙头，巩固深化“强基提质工程”，提升党建标准化规范化水平。着力破解“两张皮”问题，深化“灯下黑”问题整治。组织党建工作内外交流，开展党务干部培训。抓好“四强”党支部建设，培树党建品牌。做好建党100周年纪念活动及“两优一先”评比和推送工作。

开展党史学习教育。要以此为切入点，建设学习型党组织和学习型学院，通过开展专题学习、加强政治引领、组织专题培训、开展“我为群众办实事”实践活动等方式推动党史学习教育迈向深入。各党支部书记要切实负起责任，抓好抓实各项学习任务。要广泛开展宣传，积极宣传好做法、好经验、好成果，营造浓厚学习氛围。

（二）深化教育培训改革。

加强课程研发。贴合海关工作实际需要，分类分级设计课程，增强培训课程的专业性、针对性、实效性，打造一批体现时代特征、学院特色、海关特点，受学员欢迎的精品课。挖掘地方培训资源，增加实操课程和现场教学的占比，打造特色课程体系。将党史学习教育全面纳入分级分类培训计划和教学安排，把党领导下的海关史纳入培训内容。

推动学科专业建设。充分发挥教研室作用，以学科建设为平台，形成集聚力量。重点加强对干部教育、海关监管技术研究、防辐射探测、缉私等专业的支持力度。通过打造拳头学科，带动师资队伍、教材案例、科研平台等全方位多方面共同发展。积极推动全国反走私综合治理调查研究中心秦皇岛分中心建设。

做好网络培训工作。积极参与网络教育培训，承担总署教培中心网络培训管理员职责，探索构建新形势下网络培训新模式，鼓励教师录制网络培训课程，培育新的业务增长点。利用学院丰富的实体培训教学数字化资源，推动慕课、微课、翻转课堂等在线课程建设与应用。

（三）加强海关总署监管技术研究中心建设。

高标准做好项目基建工作。紧盯项目进度，强化统筹协调，力争年内辐射探测用房、教学用房、学员宿舍楼、食堂等主体工程完工。辐射探测用房室内外装修工程、室外管网预埋及安装、南区室外模拟场地施工等项目完成率在70%以上。做好一期项目配套培训设备、设施的业务需求方案，保障一期项目的整体竣工。开展项目二期规划。

服务海关改革业务发展。开展海关监管装备应用、外贸新业态等领域课题研究，参与制订转关集装箱监管技术方案及H986、X光机、电子计算机断层扫描（CT）、毫米波等监管查验设备的标准制定。加强与国家核安保技术中心横向办学合作，拓展实训场地，深化培训特色。进一步密切与各海关的联系，加强自主办班力度，扩大培训规模，并为海关一线提供技术培训服务。

拓宽国际交流合作领域。密切跟踪国际原子能机构（IAEA）“一线官员协作中心”的评估工作，力争2021年挂牌运行。拓展与世界海关组织（WCO）的联系，承办世界海关组织（WCO）的“战略贸易商品执法国家培训班”。筹备举办“一带一路”沿线国家和地区海关辐射探测培训班。

申请设备校准校验资质。加紧与有关主管部门的联络，启动“海关辐射探测设备校准校验”资质申报工作，为今后学院走“产学研”一体化道路创造条件。

（四）提升综合保障水平。

科学编制“十四五”规划。在前期充分调研的基础上，明确工作责任体系和相应的工作机制，精心组织学院“十四五”规划的编制工作。组织开展“教育思想大讨论”，从4月起，以两个月的时间，组织全校教职工围绕干部教育培训的特点特色以及学院的发展定位进行讨论，发挥全体教职工的积极性，汇聚发展合力。

继续做好内部新冠肺炎疫情防控。及时调整完善防疫措施，确保内部防控机制行之有效。加强宣传引导，强化个人防护责任意识，严防松劲懈怠。完善疫情防控常态化条件下的各项防控措施，做到内部防控台账完备、上报信息准确、人员健康监测排查全覆盖，坚决实现“打胜仗、零感染”的目标。

优化校园基础设施建设。完成餐厅、体育馆资产确权工作。完成教学楼6个研讨室改造工作，西校区排水改造工作，东校区学员宿舍楼、图书馆和办公楼电梯安装工作。推进西院初任培训学员实训综合楼项目建设工作，下半年完成招投标。优化网络运维，打造智能化研讨教学环境。

强化科技创新应用。推进“大平台+

小终端+微服务”的信息化模式，拓展学院移动应用场景，满足教职工移动办公和培训教学需要。开发基于 eSpace 的学员移动“培训秘书”系统。做好智慧校园平台升级改造和推广应用工作，解决原架构中存在的底层问题，为后续系统扩展应用创造条件。

提升财资保障能力。全力做好疫情防控物资保障工作，优先安排好涉及教职员工切身利益的工资、津贴补贴等福利待遇所需资金。根据学院全年总体预算做好各部门预算切块分配工作。做好家属院拆迁工作中涉及国有资产的置换、处置工作，确保国有资产保值增值，确保依据充分，处置合规。

（五）激发教职工队伍活力。

加强教师人才队伍建设。加强对专职教师的培养力度，完善专业技术岗位聘任管理、教育培训。组织参加全国海关优秀教学成果评选，为学院教师尤其是青年教师成长成才搭建平台，鼓励教师走上讲台。做好教学科研人才的招聘引进工作。规范兼职教师队伍建设，提升兼职教师的质量。

加强与海关的交流互动。完善教师赴海关学习锻炼制度，安排教师赴海关实习，通过跟班作业，参与到实际的工作当中去，进一步加强对海关的了解。推动海关与学院之间的双向互动。

推动干部队伍高素质专业化建设。加大处室之间人员的交流互动，根据岗位、年龄、职业匹配度选配和调整处室人员，适时开展公开招聘工作。加强对年轻干部的培养力度，有计划选派优秀年轻干部参与更多工作。配合总署选人用人巡视检查5年全覆盖，认真落实干部监督管理各项规定。

完善人事管理及保障。完善奖励规定、标准，加强荣誉体系建设。开展机构改革“回头看”，厘清部门职责边界及处室岗位设置。完善事业单位考核管理、聘用制度、薪酬管理，完善绩效工资发放制度，确保教职工工资稳步增长。做好合同制员工管理与服务，提高合同制员工的待遇水平。做好退休人员管理及服务。

（六）扎实推进党风廉政建设和反腐败斗争。

强化监督职能。紧盯重点领域、关键环节和风险岗位，突出重点环节，聚焦执行民主集中制和“三重一大”事项决策过程，融入各部门核心工作开展监督。结合信访举报和问题线索处置，围绕基建工程建设、物资采购、选人用人开展专项检查。

加强执纪审查。深入挖掘问题线索，分析风险隐患，督促纠正存在问题。加大对拟适用第一、二种形态处置问题线索的核查力度，突出强化办案专权，坚决用好执纪审查这个最直接最有力的监督手段。把“走读式”谈话场所建设作为重点，提高办案安全。

涵养政治生态。完善学院政治生态分

析研判机制，召开廉政形势分析座谈会。建立为受匿名诬告干部澄清正名制度。持之以恒推进落实中央八项规定精神、纠治“四风”，涵养良好政治生态与工作作风。进一步加强与秦皇岛市纪委监察委的沟通联系，开展警示教育讲座，召开廉政教育研讨，组织观看警示教育片。

同志们，任务已经明确，关键在于落实。让我们立足于新发展阶段，以新发展理念为指引，改革创新、奋发进取，加快建设具有海关特色、国际先进、国内一流的干部学院，以优异成绩庆祝建党100周年。

在 2021 年全面从严治党工作会议上的讲话

中国海关管理干部学院党委书记　杜祥培

（2021 年 3 月 26 日）

这次会议的主要任务是：以习近平新时代中国特色社会主义思想为指导，深入贯彻落实党的十九大和十九届二中、三中、四中、五中全会精神，认真落实 2021 年全国海关工作会议和全国海关全面从严治党工作会议精神，回顾 2020 年学院全面从严治党、党风廉政建设和反腐败工作，部署 2021 年任务。

▲2021 年 3 月 26 日，学院召开全面从严治党工作会议

一、2020 年工作回顾

过去一年，新冠肺炎疫情加速了世界格局演变，全世界面临百年未有之大变局，国内外局势错综复杂，疫情防控形势紧张，学院各项工作受到一定影响。在此情况下，学院党委化危为机、主动作为，以习近平新时代中国特色社会主义思想为指导，贯彻落实总署党委关于全面从严治党部署要求，切实履行管党治党政治责任，牢记初心使命，持续强化正风肃纪反腐，深入推进清廉学院建设，全面从严治党、党风廉政建设和反腐败工作取得新成效。

（一）“两个维护”自觉性坚定性进一步增强。

学院党委坚持政治建院，以贯彻落实习近平总书记指示批示精神、党委理论学习中心组学习、严格落实意识形态责任制为抓手，强化坚决落实“两个维护”政治自觉。始终坚持把政治建设摆在首位，切实增强“四个意识”、坚定“四个自信”、做到“两个维护”。把学习贯彻习近平总书记重要指示批示精神落实情况作为形势分析及工作督查例会的第一议题，建立督办落实长效机制，全年共学习贯彻落实习近平总书记重要指示批示精神 7 项。严明政治纪律和政治规矩，严格落实重大事项请示报告制度，全年向总署请示汇报工作 15 次，“两个维护”自觉性坚定性进一步增强。用好党委理论学习中心组学习制度，将《习近平谈治国理政》、党的十九届五中全会精神作为重要内容，共组织 4 次党委中心组学习。党委书记率先垂范，带头讲党课，坚定走好践行“两个维护”的“第一方阵”。严格落实意识形态责任制，压紧压实意识形态主体责任，建立既分工明确、又联合联动的意识形态工作格局。定期对学院意识形态工作进行研判，突出抓好网络意识形态，严格管控课堂阵地。目前，全院上下呈现团结一心、砥砺奋进的良好局面。

（二）落实中央八项规定精神不断深入。

学院党委持续保持贯彻落实中央八项规定及实施细则精神力度，纪律作风建设走深走实。坚决贯彻落实习近平总书记关于“坚决制止餐饮浪费”重要指示批示精神，不断增强勤俭节约、反对餐饮浪费的政治自觉。各支部召开专题组织生活会，把厉行节约、反对浪费特别是制止餐饮浪费行为作为一项经常性重要政治任务，纳入全面从严治党主体责任和党建述职评议考核内容，不断将作风建设引向深入。持续改进会风文风，坚决克服形式主义，制定《关于创新工作方法手段持续改进会风文风克服形式主义 9 条措施》，推动中央八项规定精神成风化俗。制定《贯彻落实中央八项规定精神正负面清单》，紧盯重点环节、重点领域，持续深化整治“四风”。突出正面导向，强化反面约束、明确底线，严防“四风”隐形变异的新动向新问题，营造风清气正的政治生态。

（三）党风廉政提醒教育扎实开展。

学院党委强化政治纪律和政治规矩教育，将开展专题警示教育和日常提醒督促相结合，筑牢思想防线，提升党员拒腐防变能力。举办全院廉政警示教育专题培训，围绕党员干部六大纪律及中央八项规定精神法纪规定，以案示警，提醒教职工从思想深处明法纪、知敬畏、存戒惧、守底线，进一步绷紧纪法之弦、落实应尽之责。组织全体教职工参观鸽子窝廉政教育基地，参观红色经典、清廉之路、和谐家园展区，学习老一辈党和国家领导人廉政故事，提醒党员干部牢记初心、使命，坚定理想信念，强化政治担当。多措并举开展节假日廉政提醒，坚决防止“节日腐败”、酒驾醉驾、餐饮浪费等“四风”问题反弹回潮。明确问责办法，引导党员干部弘扬中华民族优秀传统，继承和发扬党的优良作风，以铁的纪律确保节日期间风清气正。

（四）标本兼治综合效应更加凸显。

深入贯彻落实习近平总书记关于巡视整改“四个融入”的新要求，不断深化对政治巡视的理解认识，谋划整改、部署整改、推进整改。对照《海关总署党组对中央第十四巡视组巡视反馈意见的整改方案》任务要求，坚持问题导向，结合党建和干部人事工作等情况进行比对梳理，认真检视学院巡视整改落实情况。组织各部门对照《学院廉政风险点及监督制约措施》制度规定，全面开展自查总结，进一步清权确权，厘清权力边界，规范非执法领域风险岗位工作流程，切实将权力关进制度的笼子里。以审计整改为抓手，建立健全风险管控的长效机制，做到一抓到底，彻底整改，确保实现“审计一点、规范一片”。截至目前，学院已完成对《审计决定》所列 21 个问题中 18 项的整改，剩余 3 项正在整改。

（五）全面从严治党主体责任持续强化。

学院党委层层明晰、逐级压实全面从严治党主体责任，强化党建引领、党建与业务深度融合理念，基层党支部品牌效应更加凸显。制定《全面从严治党主体责任清单》，明确党委及班子成员 35 项具体责任，以制度形式将党委全面从严治党主体责任、党风廉政建设主体责任层层明细、逐级压实。落实党支部工作检查制度，加大对各党支部的指导督查力度，举办基层支部书记述职述廉会议。支部书记带头落实好“一岗双责”，着力解决党建与业务工作“两张皮”等突出问题。全面落实“三会一课”、组织生活会、民主评议党员、谈心谈话、主题党日等制度，开展“不忘初心、弘扬优良家风”等特色主题党日活动。理顺党组织关系，完成学院党组织隶属关系调整工作。深入推进合格党支部及“四强”党支部建设，按照“一支部一品牌、一品牌一特色”的要求，创建支部特色党建品牌。教育培训党支部被评为全国海关基层党建示范品牌，监管技术研究中心党支部被评为全国海关基层党建培育品牌单位。

（六）队伍建设工作质量稳步提升。

学院党委坚持履行主体责任，从严监督管理干部，防止腐败问题和不正之风，队伍服务能力稳步提升。持续在干部选拔任用、评优评奖等重要节点前把好廉政关，做好廉政核查工作，年内向纪委核实关于选拔任用人员廉政情况 3 次，核实评优评奖人员廉政情况 2 次。完成处级及以上干部配偶、子女及其配偶从业行为核查，将其作为深入开展干扰和影响海关业务活动专项治理重点，党员干部遵规守纪意识不断增强。从严从实抓好领导干部个人事项申报工作，在个人事项申报核查过程中未发现问题。坚持准军事化纪律部队建设常抓不懈，开展内务规范强化月和巩固月活动，着重在内务规范、工作纪律方面立规矩、上水平。研究探索学院党委行政荣誉体系建设管理办法，统筹规划学院表彰奖励，规范教师节和年终表彰工作，为教职工职业生涯各阶段营造仪式感，进一步激发教职工归属感和职业荣誉感、自豪感。

二、存在问题

在充分肯定成绩的同时，也要清醒地看到问题和不足：一是贯彻落实习近平总书记指示批示精神举一反三不够，在学懂弄通做实上还有差距，政治敏感性有待加强；二是党委落实全面从严治党主体责任还不够扎实，压力传导不够有力，有的制度执行还不到位，违反中央八项规定精神情形仍然存在；三是对非执法领域违纪违法问题、非职务违纪违法问题风险研判还不够深刻、不够到位，非执法领域廉政风险防控还有一定差距。

三、2021 年主要任务

2021 年学院全面从严治党工作的总体要求是：以习近平新时代中国特色社会主义思想为指导，深入贯彻党的十九大和党的十九届二中、三中、四中、五中全会精神，增强“四个意识”，坚定“四个自信”，做到“两个维护”，立足新发展阶段，贯彻新发展理念，推动构建新发展格局，以政治建院为统领，坚持以人民为中心，坚定不移强化全面从严治党、党风廉政建设，把严的总基调长期坚持下去，以高质量发展为主题，坚持系统观念，持续推进清廉学院建设，锻造准军事化纪律部队，深入推进政治建关、改革强关、依法把关、科技兴关、从严治关，为建设中国特色社会主义新海关提供坚强政治保障，以优异成绩庆祝中国共产党成立 100 周年。

站在“两个一百年”奋斗目标的历史交汇点上，我们深感责任重大、使命光荣，更应以良好的精神面貌做好工作，承前启后，继往开来，重点做好以下 7 个方面工作：

（一）全面强化政治建院，全力保障“十四五”规划顺利实施。

牢固树立“四个意识”，坚定“四个自信”，自觉把“两个维护”作为思想认识上的政治态度、政治信条，一切实践活动的政治原则、政治保障。全面落实学习传达习近平总书记指示批示精神作为形势分析督查例会“第一议题”制度，完善落实效果评估、督查问责机制，形成学习传达督促落实的闭环链条。认真落实意识形态责任制，抓好学习贯彻党的十九届五中全会精神轮训。建立完善“1341”工作模式，全面强化党建统领，加强政治建设，实现党建、业务、监督检查三位一体，做到党委、行政、纪委工作同谋划、同部署、同推进、同考核，共同融入教育培训中心工作。立足“具有海关特色、国际先进、国内一流的干部学院”中心目标，以改革创新为途径，实现高质量发展，全力保障“十四五”规划顺利实施。

（二）压紧压实全面从严治党主体责任。

党委书记履行好第一责任人职责，重要工作亲自部署、重大问题亲自过问、重点环节亲自协调、重要案件亲自督办，管好班子、带好队伍、抓好落实。党委委员落实“一岗双责”，领导、检查和督促分管部门、分管领域全面从严治党、党风廉政建设工作。部门负责人坚持抓业务与防风险同步推进，做好职责范围内全面从严治党、党风廉政建设工作。强化管党治党压力层层有效传导，确保全面从严治党主体责任落到实处。建立全面从严治党主体责任检查考核制度，用好“四种形态”，全面运用约谈提醒、述责述廉、民主生活会监督等方式，使监督和被监督成为自觉。聚焦政治责任，盯住“关键少数”，突出重点领域，严肃精准规范开展问责。

（三）坚持人民立场，在全面从严治党中感受公平正义。

把学习习近平新时代中国特色社会主义思想同学习党史、新中国史、改革开放史、社会主义发展史贯通起来，引领党员干部加强党性锻炼、党性修养，坚定理想信念，百折不挠把自己的事办好。开展庆祝中国共产党成立100周年系列活动，以“我为群众办实事”为契机，聚焦涉及群众切身利益、群众关注度高的问题，探索解决方案，为教职工办实事、办好事，使广大教职员工在全面从严治党中进一步增强获得感，感受公平正义。

（四）毫不松懈纠正“四风”，驰而不息转作风树新风。

深入开展党的光荣传统和优良作风教育，完善作风建设长效机制，把好传统带进新征程，把好作风弘扬在新时代。坚持严字当头，锲而不舍贯彻中央八项规定及实施细则精神，持续加大力度整治形式主义、官僚主义，紧盯老问题，关注新表现，严防隐形变异，持续治理不担当慢作为等问题。继续整治享乐主义和奢靡之风，坚决纠治餐饮浪费行为，坚持“过紧日子”，推动形成浪费可耻、节约光荣的良好氛围。党员领导干部要自觉反对特权思想和特权行为，管好家属子女，严格家教家风。结合《贯彻落实中央八项规定精神正负面清单》进一步梳理自查各部门存在问题，集中进行清理整治。

（五）强化权力运行制约监督，推进廉政风险源头防控。

增强风险意识和底线思维，紧盯非执法领域重点岗位廉政风险，充分发挥制度管权作用，做到清权确权，厘清权力、责任边界，突出重点环节，聚焦执行民主集中制和“三重一大”事项决策过程，融入各部门核心工作开展监督。重点抓好北戴河项目建设过程中高风险岗位廉政风险防控，规范基建项目工作流程，加大源头反腐力度，确保北戴河项目稳步运行。持续做好配偶、子女及其配偶从业行为核查工作，从严规范领导干部特定关系人从业行为，构建亲清政商关系。要再进一步梳理廉政风险，进行再细化、再分解，切实把权力扎进制度的笼子里。

（六）坚持高标准严要求，锻造全面过硬的准军事化纪律部队。

深入落实“政治坚定、业务精通、令行禁止、担当奉献”要求，以更高标准推进准军事化纪律部队建设。以内务规范强化月为抓手，狠抓日常作风养成，抓好仪式教育，做到令行禁止。深入开展党的优良传统和作风教育，大力弘扬伟大抗疫精神等，开展优秀共产党员、优秀党务工作者和先进基层党组织评选活动，积极培育新时代学院职业精神，并将学院职业精神深深融入海关改革发展大局。大力推动学院精神文明建设，争取秦皇岛市地方政策支持，扩大学院在秦皇岛市影响力，提高学院政治待遇。进一步加强校园文化建设，强化学院文化符号建立及使用。统筹利用各类宣传阵地做好思想政治宣传工作，特别是为庆祝中国共产党成立100周年系列活动营造浓厚政治氛围。建立完善学院荣誉激励机制，进一步激发教职工职业荣誉感自豪感。加强和改进思想政治工作，开展干部队伍思想动态分析，注重人文关怀和心理疏导，不断增强教职工归属感。

（七）加强党委对纪检监察工作的领导。

把党委全面监督、纪委监委专责监督、党的工作部门职能监督、党的基层组织日常监督、党员民主监督等结合起来、融为一体，构建全方位、高质量监督体系，形成常态长效的监督合力。积极配合总署选人用人巡视检查5年全覆盖，纪委要结合巡视反馈中的问题线索，逐一核实，认真查办，对核查过程中有问题的情况，开展严肃精准问责，认真落实干部监督管理各项规定。加强纪检监察部门队伍建设，针对自身权力运行机制和管理监督体系的薄弱环节，扎紧织密制度笼子，坚决防止“灯下黑”。

习近平总书记指出，全面从严治党永远在路上，党风廉政建设和反腐败斗争永远在路上，各级领导干部必须切实担负起管党治党政治责任，始终保持“赶考”的清醒，把严的主基调长期坚持下去，不断增强党自我净化、自我完善、自我革新、自我提高能力，引领和保障中国特色社会主义巍巍巨轮行稳致远。站在实现“两个一百年”奋斗目标的历史交汇点上，学院党委将秉持以人民为中心，永葆初心、牢记使命，锲而不舍、一以贯之，不断开创全面从严治党、党风廉政建设和反腐败工作新局面，为建设社会主义现代化新海关提供坚强政治保证，以优异成绩庆祝中国共产党成立100周年。

第二篇

专记

庆祝中国共产党成立 100 周年

2021 年 4 月，学院党委制定印发庆祝中国共产党成立 100 周年活动安排。学院成立庆祝中国共产党成立 100 周年活动领导小组，党委书记杜祥培任组长，院长、党委副书记陈晖任副组长，院领导刘辉、赵玉庆、蔺婧任成员，成员单位包括学院各部门；领导小组下设办公室，刘辉兼任办公室主任。

一、开展庆祝中国共产党成立 100 周年主题宣传活动

布设标语口号、灯箱展板，利用显示屏播放宣传片、微党课，布置中国共产党成立 100 周年造型花坛、悬挂标语口号条幅，营造浓厚学习、节日氛围。组织全体教职工、合同制员工代表举行升国旗仪式，集中收看庆祝中国共产党成立 100 周年大会，认真聆听学习习近平总书记在大会上发表的重要讲话。举办“颂歌献给党”歌咏会，羽毛球协会、瑜伽协会分别开展“建党百年、羽你同行”羽毛球比赛、“建党百年、心灵相约、伽人同行”等活动。

二、专题学习习近平总书记“七一”重要讲话精神

2021 年 7 月 2 日，学院召开党委理论学习中心组学习（扩大）会议，专题学习习近平总书记在庆祝中国共产党成立 100 周年大会上发表的重要讲话。党委班子成员依次发言，就学习贯彻落实习近平总书记重要讲话精神进行了深入交流，部分中层干部代表结合部门工作进行表态发言。各党支部组织召开党员大会，专题学习习近平总书记“七一”重要讲话精神，处级领导干部作重点发言，每位党员分享个人

▲**2021 年 6 月 25 日，学院举办“颂歌献给党”歌咏会**

学习习近平总书记“七一”重要讲话精神的体会。

三、扎实做好中国共产党成立 100 周年“两优一先”表彰候选推荐和评选

做好河北省委、秦皇岛市“两优一先”评选推荐等有关工作。以院党委名义表彰学院优秀共产党员、优秀党务工作者、先进基层党组织。组织获得秦皇岛市直机关优秀党务工作者、先进基层党组织荣誉的集体和个人参加秦皇岛市直机关表彰活动。举办庆祝建党 100 周年表彰大会，表彰 2021 年度先进基层党组织、优秀共产党员和优秀党务工作者，通报市直机关“两优一先”表彰名单，向党龄达到 50 年以上的党员颁发“光荣在党 50 年”纪念章。学院党委领导班子成员分别对党龄 50 周年的老党员、有困难情况党员等开展走访慰问活动。

▲2021 年 6 月 30 日，学院举办庆祝建党 100 周年表彰大会，向党龄达到 50 年以上的党员颁发“光荣在党 50 年”纪念章

四、积极参加河北省、秦皇岛市理论宣讲

组织拍摄《踏寻秦皇岛红色印记》微党课视频，展示学院党史学习教育的生动教材和阶段性组织学习教育活动，宣传学院创新教育培训模式、打造精品课程的成果。在全市“讲党史、颂党恩、跟党走”理论宣讲竞赛活动中，学院微党课获得二等奖。将微党课视频向海关《金钥匙杂志》微信公众号、“秦皇岛发布”微信公众号，“学习强国”河北学习平台、中国海关平台，以及秦皇岛市公益媒体平台等媒体平台分别进行了推送宣传。学院教育培训处于佳鹏老师代表秦皇岛市参加全省党委讲师团系统深入学习贯彻习近平总书记“七一”重要讲话精神“讲党史、颂党恩、跟党走”理论宣讲大赛决赛，获评二等奖。

（撰稿人：于东飞　王　璐）

党史学习教育活动

党史学习教育开展以来，学院党委深入学习贯彻习近平总书记在党史学习教育动员大会上的重要讲话精神，聚焦学习宣传贯彻习近平总书记“七一”重要讲话精神和党的十九届六中全会精神，全面对标中央决策部署和总署党委工作要求，紧扣“学党史、悟思想、办实事、开新局”目标要求，高标准高质量推动全院党史学习教育深入开展，各项工作取得扎实成效。

一、落实政治要求，强化责任担当

学院党委把开展党史学习教育作为贯穿全年的重要政治任务抓紧抓实，早动员、早部署、早落实，确保党史学习教育顺利开展。一是高度重视，迅速启动。总署党委党史学习教育动员部署会后，学院党委通过形势分析及工作督查例会、党委理论学习中心组学习等形式第一时间传达学习党中央和总署党委关于党史学习教育的各项部署要求。二是制订方案，周密部署。召开党委专题会议，研究制订《学院开展党史学习教育实施方案》，确定工作内容、工作标准、时间安排、责任分工。成立党史学习教育领导小组，下设办公室，分工负责、分级管理、一体推进。各党支部也在党史学习教育领导小组的有力领导下，结合党支部实际制订方案计划、进行动员部署，推动党史学习教育迅速展开。三是强化督导，从严要求。党史学习教育领导小组办公室定期对党支部开展督促指导，紧扣党史学习教育方案，采取集中座谈、随机抽查等方式，对党支部“三会一课”、专题学习、办实事等关键环节开展督导。在党史学习教育专题组织生活会中，全程跟踪指导会前准备、会中召开、会后整改等各个环节，全面提高各党支部组织生活质量。

二、坚定理想信念，强化理论武装

牢牢把握“学史明理”这个前提，坚持把学党史和悟思想贯通起来，把学懂弄通做实习近平新时代中国特色社会主义思想贯穿始终，全面推动党史学习教育往深里走、往心里走、往实里走。一是以上率下学。学院党委带头开展理论中心组学习研讨、上专题党课，为全院党员领导干部树立标杆、作出表率。紧紧围绕习近平总书记关于党史学习教育的重要论述，组织全院教职工学习，处级以上领导干部通读习近平《论中国共产党历史》等4本中央指定学习书目和《中国共产党简史》等学习教材，全面系统学习党的百年历史，示范带动全院各党支部开展学习研讨20余次、主题党日活动8次。二是分层分类学。突出抓好在职党员、群团组织和离退休老党员等群体的党史学习教育，确保全面参与、全员覆盖。各党支部通过“三会一课”、开展主题党日等形式，积极开展党史学习教育。办公科技党支部组织党员赴李大钊纪念馆、李大钊故居参观；人政监察党支部围绕“深刻铭记中国共产党百年奋斗的光辉历程”组织党员观看了微纪录片。团总支（青联）组织团员青年开展经典读书会系列活动，注重将党史学习教育同中华优秀传统文化相结合，在学习党史的过程中充分理解中华民族优秀传统文化在党的发展历程中的重要作用。三是重点推进融合学。立足党史学习教育重要时间节点、关键环节，分阶段分步骤开展主题活动，推动党史学习教育持续升温、步步深入。组织全体教职工参加“七一”升国旗仪式，集中收看庆祝中国共产党成立100周年大会，聆听学习习近平总书记在大会上的重要讲话精神。认真贯彻“学史明理、学史增信、学史崇德、学史力行”要求，以党支部为单位开展专题组织生活会，交流党史学习教育收获、存在问题等，引导广大党员增强“四个意识”、坚定“四个自信”。

▲2021年4月28日，学院领导及中层干部赴五峰山组织开展“瞻仰先烈、不忘初心”党委理论学习中心组学习暨领导干部读书班活动

三、突出融合推进，营造浓厚氛围

把党史学习教育同“四史”宣传教育、“永远跟党走”群众性主题宣传教育紧密结合起来，提升学习教育感染力。一是丰富形式载体。通过开展党员学党史知识测试、党支部书记微党课及书法、摄影等各类比赛活动，持续激发广大党员、干部群众学习热情，营造知史爱党知史爱国浓厚氛围。隆重举办“颂歌献给党”歌咏会，羽毛球协会开展“建党百年、羽你同行”等活动，不断丰富党史学习教育载体。二是深入开展宣传。全程掌握党史学习教育动态，实时编发简报，及时报刊报送工作情况。校园网站开辟“党史学习教育”专栏，设置党史学习教育宣传栏，院刊出版党史学习教育专刊，实时展示党史学习教育工作情况，营造浓厚的学习教育氛围。三是积极参加河北省、秦皇岛市理论宣讲。为展示学院党史学习教育的生动教材和阶段性组织学习教育活动，积极宣传学院创新教育培训模式、打造精品课程的成果，组织拍摄《踏寻秦皇岛红色印记》微党课视频，在全市“讲党史、颂党恩、跟党走”理论宣讲竞赛活动中，学院微党课获得二等奖。将微党课视频向海关《金钥匙杂志》微信公众号、“学习强国”河北学习平台、中国海关平台等媒体平台分别推送宣传。

四、坚持实干实效，增进民生福祉

把学习党史同总结经验、推动工作结合起来，坚持把“我为群众办实事”作为党史学习教育的重要落脚点，推动党史学习教育同教育培训工作两促进两不误，提升群众幸福感、获得感、安全感。一是健全完善机制。坚持把“我为群众办实事”作为党史学习教育的重要落脚点，健全完善领导干部领办、项目动态调整、督促指导等工作机制，开设线上线下意见征集渠道，推动为民服务常态长效开展。全院围绕群众最关心最直接最现实的民生问题进行意见建议征集，10 项重点民生项目全部予以落实。二是发挥先锋模范作用。充分发挥各级党组织战斗堡垒和党员先锋模范作用、群团组织桥梁纽带作用，持续深入开展“党旗在基层一线高高飘扬”活动，举办庆祝中国共产党成立 100 周年表彰大会，表彰 2021 年度“两优一先”，向老党员颁发“光荣在党 50 周年”纪念章，激励党组织和广大党员奋发进取、创先争优。三是发挥干部教育培训主渠道主阵地作用。学院承办了 10 期海关学习贯彻党的十九届五中全会精神暨党史学习教育专题培训班，精心设置课程，精心遴选师资，精心组织教学，推动党史学习教育进教材、进课堂、进头脑。在各类培训班次中开设《学习习近平总书记在庆祝中国共产党成立 100 周年大会上的重要讲话精神》《学好党的百年历史 弘扬优良传统作风》等专题讲座，邀请来自中央党校、北京市委党校等多所知名院校的师资进行授课。引进中央党校《中国共产党的光辉历程》《中国特色社会主义进入新时代》等党史系列课程视频。

▲2021 年 6 月 30 日，学院全体教职工举办庆祝建党 100 周年表彰大会

倪岳峰署长在全国海关党史学习教育总结会议上强调，“要坚决贯彻落实习近平总书记重要指示批示精神，深入学习贯彻党的十九届六中全会精神，认真落实党史学习教育总结会议部署要求，建立常态化、长效化制度机制，推动海关党员干部持续增强历史定力、强化历史担当，奋力建设社会主义现代化海关。”下一步，要汲取党史学习教育的成功经验，推动党史学习教育常态化长效化，持续做好各项工作。一是旗帜鲜明讲政治，持续加强政治建设。结合正在开展的捍卫“两个确立”、做到“两个维护”、强化政治机关建设专项教育活动，不断加深对“两个确立”决定性意义的理解领悟，增强“四个意识”、坚定“四个自信”、做到“两个维护”，以政治建设引领学院各项工作开展。二是学懂弄通做实，持续抓好理论武装。坚持不懈学习贯彻习近平新时代中国特色社会主义思想，在抓好自身学习的同时，按照总署要求，将习近平新时代中国特色社会主义思想作为干部教育培训的“第一课程”，做好课程设计与开发。三是发扬奋斗精神，持续深化民生实事。各党支部、广大党员干部要发挥战斗堡垒、先锋模范作用，聚焦解决群众急难愁盼的问题，聚焦一流干部学院建设目标，攻坚克难、真抓实干，将学院的发展与个人的成长有机统一，持续提升人民群众的幸福感、获得感。

（撰稿人：于东飞）

编制《中国海关管理干部学院“十四五”事业发展总体规划》

“十四五”是学院发展的重要阶段。制定好“十四五”规划，对于深入贯彻落实总署党委的决策部署，实现学院在新发展阶段高质量发展有着重要意义。为深入贯彻落实《“十四五”海关发展规划》，学院历时10个月编制学院《“十四五”事业发展总体规划》，并于8月30日、31日召开全体教职工开展讨论。会议听取了办公室关于学院“十四五”规划的起草说明，院长陈晖向会议报告了规划重点内容，各部门围绕对学院“十四五”规划的认识和具体贯彻落实开展了深入研讨，全体教职工一致讨论通过规划。

一、编制规划总体过程

从启动编制规划到出台历经10个月时间，2020年11月正式引发规划编制工作方案，成立了由各部门8为具体同志组成的编写专班，最初由党委书记杜祥培担任组长，院长陈晖来院任职后正式牵头编写工作。2020年12月-2021年5月先后召开10余次编写专班会议，3次征求教职工意见，开展课题研究，举办教育培训思想大讨论活动，包括系列论坛6次，调研7次，并于2021年6月初形成初稿。2021年6月，针对初稿，开展了为期两周的征求各部门意见，7月7日、10日两次召开领导小组会议，专题讨论规划指标。

二、举办教育培训思想大讨论活动

为配合“十四五”规划编制工作，学院同步开展了教育培训思想大讨论活动。活动共分为宣传动员、学习研讨和总结提高三个阶段。

4月8日印发了《教育培训思想大讨论工作方案》，聚焦一流干部学院定位、特色学科专业发展方向、教师队伍建设、推动培训教学质量高质量发展、智库建设和国际化办学等六个主题。采用专家宣讲、走访调研、部门研讨等形式，举办了一系列论坛，开展了一系列调研活动。

论坛共有六期：4月20日，于晓军处长介绍《“十四五”海关发展规划》；4月23日，朱秋沅教授介绍海关国际合作；5

月 11 日，陆林祥教授主讲《提高干部教育培训质量》；5 月 14 日，王菲易副教授介绍海关学的内容与发展趋势；6 月 25 日，孙江春老师介绍《海关报关行业历史、市场分析及发展策略》；7 月 29 日，张树杰主任介绍国际海关工作。

调研地点包括：秦皇岛海关煤炭检测技术、中国纪检监察学院北戴河校区、上海海关学院和中国浦东干部学院、华为上海研究所、上海移动 5G 全球港公司、欧坚网络集团、梦创双扬公司、公安部第三研究所、上海市计量测试技术研究院、江苏检验检疫质量研究中心，参加全国检验检测认证职业教育集团年中理事会暨检验检测认证职业教育专家论坛，开展业务内容专题调研。

8 月 4 日，在 2021 年第七次形势分析及工作督查例会上，各部门汇报了教育培训思想大讨论的活动成果。通过大讨论，大家进一步凝聚了共识，振奋了精神。大讨论活动中产生的调研结果、讨论心得、活动信息等均放在校园网相关专栏，部分成果已经吸收、修改进了学院“十四五”规划制定中。

三、向署领导专题汇报

7 月 12 日，杜祥培书记、陈晖院长带队赴总署向胡伟副署长汇报规划编制情况，胡署长提出四点意见：一是规划中要体现学院在社会主义现代化海关建设中的定位；二是学科专业建设聚焦服务海关大监管改革理念，充分挖掘学院培训特色优势；三是全面提升教育培训质量；四是具体工作设置定量指标，确保规划落实落地。

四、修改完善及正式发布

7 月下旬，落实胡署长意见建议再次进行修改完善，7 月 30 日邀请系统内外 5 位专家召开专家论证会进行科学性、可行性论证。8 月上旬进行修改完善后报总署口岸监管司、人教司、教培中心征求意见，意见反馈后再次进行了修改，并于 8 月中旬形成征求意见稿。

▲2021 年 8 月 31 日，学院“十四五”规划全体教职工征求意见大会

8 月 30 日、31 日利用两个半天召开教职工大会讨论通过并于 9 月 2 日经由学院党委会审议通过并正式发布。

五、学院“十四五”规划重点内容

学院“十四五”规划立足“海关特色、国际先进、国内一流干部学院”总体目标，分析当前形势和存在问题，确定了“六个一流”具体发展目标，明确了九项重点任务：一是坚定不移加强政治建设，以高质量党建引领学院高水平发展；二是以学科专业建设为抓手，提升学院特色；三是以教学质量为核心，全面提升培训能力；四是以突出实训教学为主要目标，全面推进海关总署监管技术研究中心项目建设；五是围绕产学研一体化，全面提升科研能力；六是加强交流合作，逐步构建发展生态圈；七是加强队伍建设额，推动学院高质量发展；八是坚持以文化人，打造独特的教育文化；九是改善办学条件，提高服务保障水平。

学院“十四五”规划对学院定位清晰、目标明确，既符合学院当前实际，也体现前瞻性，是学院未来 5 年发展的行动指南。

（撰稿人：单婷婷　郭　伟）

迎接总署党委巡视及巡视整改

一、工作背景

按照总署党委对巡视工作的统一安排部署，总署党委第十三巡视组于 2021 年 4 月 6 日至 5 月 20 日对学院进行了巡视，并于 7 月 26 日向学院党委反馈了巡视情况，指出 4 个方面 38 项主要问题，并提出了 4 点意见建议。

▲2021 年 4 月 12 日，召开总署党委第十三巡视组巡视学院党委工作动员会

针对巡视反馈问题，学院党委高度重视，从讲政治、讲党性的高度，将巡视整改作为首要政治任务，严肃认真对待。在总署党委第十三巡视组巡视反馈会议结束后，第一时间召开专题党委会议，成立由党委书记杜祥培、院长陈晖任组长，其他党委委员为成员的学院巡视整改工作领导小组，统一领导学院巡视整改工作。针对巡视反馈的 4 个方面 38 项主要问题及移交的问题线索，反复研究制订了包括 97 项具体措施的整改方案，通过有效措施，推动巡视整改工作扎实开展。

经过为期 3 个月的集中整改，至 2021 年 10 月底，计划于集中整改期内完成的 86 项整改措施全部完成，11 项中长期措施 1 项提前完成。学院党委立足规范解决实际问题，针对有关问题举一反三，制定完善 18 项管理制度，形成常态机制，整改成效初步显现并不断固化深化。整改成效获得天津特派办督导检查组的肯定。

二、主要过程

（一）以精心的部署认真做好前期准备。

在接到《总署巡视办关于做好常规巡视准备工作有关事项的通知》（巡视函〔2021〕9 号）后，学院于 2021 年 3 月 30 日召开党委会议，研究制订巡视准备工作方案。提前做好党委综合汇报材料、组织人事汇报材料、纪检工作汇报材料以及2018年4月以来各类专题材料的准备工作。

2021年4月7日，学院副院长刘辉、人事政工处副处长陈滨于苏州参加总署2021年第一轮巡视工作动员部署会。4月9日，学院党委召开党委会议，传达副署长胡伟在巡视工作动员部署会上的讲话精神，审议有关汇报材料。

办公室、科技信息处、后勤保障处等各部门按照准备工作方案，认真做好迎接巡视组入驻的工作条件保障。

（二）以高度的政治站位迎接总署巡视。

2021年4月12日，总署党委第十三巡视组巡视学院党委工作见面会、动员会在学院举行。会议由学院院长陈晖主持。总署党委第十三巡视组组长廖衍通报巡视重点、总体安排，并提出工作要求。学院党委书记杜祥培作表态发言。

巡视期间，学院全体教职工提高政治站位，坚决贯彻巡视工作要求，以高度的政治责任感迎接巡视，积极主动接受监督，全面落实巡视工作要求。全力支持配合，服从巡视工作安排，为巡视组正常开展工作确保条件，对巡视组需要的资料，要认真准备、及时提供。本着对党负责、对学院负责、对自身负责的态度，坦诚接受监督，对巡视组布置的任务，按时高效予以完成。学院党委主动对标巡视要求，对巡视中发现的问题和不足，正确对待、正确认识，不回避、不推脱、不遮掩，对巡视过程中发现的问题，坚持边查边改，立行立改，以良好的作风抓好整改落实。

（三）以抓落实的韧劲推动巡视整改。

2021年7月26日，总署党委第十三巡视组向学院党委反馈巡视情况。总署巡视办主任刘卫向学院党委书记杜祥培、院长陈晖传达了总署党委巡视工作领导小组在听取巡视组汇报时的讲话精神，总署党委第十三巡视组组长廖衍向学院党委反馈了巡视情况，总署人事教育司副司长邓浩铭就选人用人巡视检查情况进行了反馈，天津特派办副主任孔忠传达了巡视整改督导检查要求。

根据反馈问题，学院党委研究制订《中国海关管理干部学院党委对总署党委第十三巡视组巡视反馈意见的整改方案》。学院纪委成立巡视整改监督工作领导小组，加强巡视整改工作监督。各部门在学院整改方案的基础上，分别制定了本部门细化措施。

2021年8月6日，学院召开巡视整改工作动员会。副院长刘辉宣读了《中国海关管理干部学院党委对总署党委第十三巡视组巡视反馈意见的整改方案》《中国海关管理干部学院党委巡视问题整改清单》主要内容。党委副书记、院长陈晖代表学院党委作动员讲话。

2021年8月24日，学院党委召开巡视整改专题民主生活会，深入贯彻落实习近平新时代中国特色社会主义思想，切实担负起巡视整改责任，确保各项整改任务坚决有效落实。学院党委书记杜祥培主持会议并作总结讲话。天津特派办副主任孔忠通过电视电话会议的方式对学院党委民主生活会开展指导。

2021年9月14—15日，天津特派办副主任孔忠一行来院开展巡视整改督查。督查组听取了学院巡视整改工作领导小组办公室主任、副院长刘辉的汇报，检查学院巡视整改工作台账，开展关于巡视整改工作的问卷调查，并分别与学院党委班子成员进行了交流谈话。督查组充分肯定了学院巡视整改工作取得的阶段性成效，并指出工作中存在的不足。

2021年9月28日上午，学院召开巡视整改工作推进会。学院巡视组整改工作领导小组办公室主任、副院长刘辉通报了天津特派办对学院巡视整改工作的督导检查情况。学院党委班子成员分别就各自负责的巡视整改措施完成情况进行了交流。党委书记杜祥培主持会议并就推动巡视整改工作进行了安排部署。

学院巡视整改日常监督工作领导小组先后通过下发督查单、听取部门工作汇报等形式对各部门落实整改措施情况进行督导检查。

三、巡视整改工作主要做法

学院党委坚持政治站位，牢固树立责任意识，加强组织领导，采取有效措施，加大督导力度，推动巡视整改工作扎实开展。

（一）提高政治站位，强化组织领导。

学院党委深刻领会巡视工作的重要意义，从讲政治、讲党性的高度，将巡视整改作为首要政治任务，严肃认真对待。针对巡视反馈的4个方面38项主要问题及移交的问题线索，反复研究制订了包括97项具体措施的整改方案；成立由党委书记杜祥培、院长陈晖任组长，其他党委委员为成员的中国海关管理干部学院巡视整改工作领导小组，统一领导学院巡视整改工作，以坚强组织保障确保巡视整改推进力度和效果。整改期间，共召开5次党委会议、5次专题会议，研究、督促巡视整改工作。党委班子成员深入学习习近平总书记关于巡视整改工作的重要论述，坚持问题导向，将巡视整改与制订实施学院“十四五”发展总体规划、开展党史学习教育和落实年度重点工作紧密结合，明确了以政治建设为统领，全面强化“学院姓党”“政治建校”；以提升组织力为重点，全面加强教职工人才队伍建设；以教育培训质量为中心，全面提高教学科研水平的整改目标。针对巡视反馈发现的问题，认真分析原因，从完善学院治理体系与治理结构、推动深层变革和高质量发展的角度出发制定了11项中长期整改措施，将完成时限设置在2021—2025年，并且对各项中长期整改措施确立了阶段性的完成指标，力求以巡视促建设、以巡视谋发展，推动学院整体工作再上新台阶。

（二）明确目标责任，深入推动落实。

明确党委书记杜祥培、院长陈晖作为巡视整改工作第一责任人，各党委委员对党委班子整改工作负责，同时履行分管部门整改工作主体责任和监督责任。对97项具体整改措施，逐项明确责任领导、主办或牵头部门、协办部门、完成时限，党委成员分头主抓，各部门合力推进，确保压力层层传导，责任级级落实。对各项整改措施逐一建立台账、明晰标准、倒排进度，逐项督导、逐项评估、逐项销账，做到责任不分清不收手、问题不解决不松手、整改不到位不停手。各部门在此基础上分别建立本部门的巡视问题整改任务细化清单，确定具体措施工作牵头人、交付物，进一步细化整改措施。自巡视整改以来，学院党委班子成员先后听取部门汇报、研究推动巡视整改工作共21次。

（三）强化督促督导，确保整改效果。

发挥学院党委引领表率作用，党委书记坚持“严”字当头，从研究部署、任务分解到督办落实，主动向党委成员交任务、明要求。党委委员结合巡视反馈意见，对分管业务领域问题逐项剖析、举一反三、深挖细凿，通过会议研究部署、工作批示、下基层督促检查、与教职工谈心交流等方式认真推动整改工作，加强工作指导和经常性检查督导。制订日常监督工作方案，由巡视整改工作领导小组办公室每月一次定期开展督导检查。学院纪委切实履行监督责任，发挥职能作用，协助党委督促检查整改措施落实情况，成立巡视整改监督工作领导小组，建立巡视整改监督台账，对巡视整改进行责任加压，督促整改任务落实落地。

（四）坚持开门整改，提高群众参与。

在整改过程中，坚持以人民为中心、坚持群众路线，让群众参与到整改过程中来。第一时间向全体教职工传达巡视反馈意见，对巡视整改的步骤、措施、整改进度及时公布，提高群众知晓度。在校园网上开设巡视整改专题，对巡视整改相关工作动态、学院党委及各部门整改方案、整改进展和整改监督情况进行公开，开通巡视整改网上意见反馈通道，及时收集教职工对巡视整改的意见建议。先后组织召开全体会议2次，组织教职工对照巡视反馈意见，从自身工作岗位查找问题，提出措施，共同推进整改，做到整改为了群众、整改依靠群众、整改接受群众监督，不断增强教职工的幸福感、获得感、使命感。群众满意度测评中对党委落实巡视整改主体责任的整体评价意见中“好”占92.5%、“较好”占7.5%，对党委落实巡视整改的实际效果评价意见中“非常满意”占87.5%、“比较满意”占10%。

在此期间，天津特派办对学院党委巡视整改工作进行了全过程指导和督促检查。巡视意见反馈后，特派办党委对学院党委制订的整改方案、清单进行了审核把关，确保措施可评估、可量化、见成效。巡视整改期间，特派办督导检查组先后2

次来院，对学院巡视整改工作进展进行督导检查，并通过视频连线的方式对学院党委专题民主生活会进行了指导。集中整改期结束后，通过远程连线的方式对学院各项整改措施的完成情况进行了检查。天津特派办的指导和督促检查对学院高质量完成巡视整改工作给予了极大帮助。

四、巡视整改主要成效

通过巡视整改，学院政治建设进一步加强，管党治党的政治责任进一步压实，教育培训主责主业、科学研究、干部师资队伍建设、党风廉政建设等各项工作成效显著提高，服务海关中心工作的能力进一步增强。

（一）突出政治引领，政治院校建设取得显著成效。

学院党委严格落实“第一议题”制度，第一时间传达学习习近平总书记重要讲话和重要指示批示精神。确立“1341”工作模式，推动党建、业务深度融合，服务教育培训中心工作。将学习贯彻习近平新时代中国特色社会主义思想作为教育培训首要任务，引进中央党校优质课程15门，自主开发课程2门，开设党史学习微课堂、《踏寻秦皇岛红色记忆》等特色教学活动，举办《学好党的百年历史 弘扬优良传统作风》等专题讲座，海关干部教育培训阵地建设进一步加强。制定学院党委《关于进一步加强宣传工作的意见》，组织任课教师签署“课堂政治纪律承诺书”，确保“三尺讲台”无杂音，意识形态工作责任制得到有效落实。

（二）聚焦主责主业，教学科研能力稳步提升。

严格落实常态化新冠肺炎疫情防控形势下各项规定，积极探索线上培训新模式，首次承办线上初任培训、艰苦边远海关业务骨干培训班，圆满完成了各项培训任务。对标海关需求，结合学院实际，着力打造马克思主义理论、国家安全学、法学3个一级学科和干部教育学、党史党建、海关监管理论和技术、跨境核安全管理、海关法、海关缉私6个专业方向。参与总署开展的关于党的十九大以来海关优秀教学成果评选，获评特等奖2项、一等奖1项、二等奖3项，占全国海关总获奖数的1/5，学院精品课、教学研究成果和教学管理成果的质量得到充分检验。2021年度，学院立项省级课题5项；市级课题14项，结项10项；院级课题17项。结项课题中有5项获得秦皇岛市第十届社会科学成果奖。国际原子能机构（IAEA）核安保一线官员能力建设协作中心、全国反走私与综合治理调查研究中心秦皇岛分中心先后在学院挂牌，学院智库功能进一步发挥。

（三）持续强基提质，基层党组织战斗堡垒作用进一步凸显。

重新规划党支部设置，以处室为单位设立党支部，由部门负责人担任党支部书记，基层党支部的设置更加规范。在党支部推行“1341”工作模式，着力破解“两张皮”问题，“第一议题”制度向党支部层面延伸。按照“一支部一品牌、一品牌一特色”的要求，各党支部紧密结合自身队伍、业务实际，提炼品牌内涵、明确创建目标、细化创建措施。完成全国海关基层党建示范品牌和全国海关基层党建培育品牌单位的复审工作。对党支部书记、委员进行培训，党务干部专业化水平取得提升。

（四）侧重结构优化，教职工队伍建设全面加强。

制定《中国海关管理干部学院建设高素质专业化干部队伍实施意见（试行）》，进一步树立注重政治标准、注重责任担当、注重工作实绩的用人导向。2021 年，组织开展 5 名正处级干部岗位交流，选拔任用 6 名副处级干部，接收军队转业年轻干部 2 名，公开招聘青年教师 2 名，系统外调入 2 名，干部队伍结构进一步优化。加大人才引进、培养力度，出台学院高层次人才引进政策，鼓励教职工外出实践锻炼、攻读博硕士学位、开展交流访学。2021 年，1 名教师取得副高级职称，3 名教师取得中级职称，14 名专技人才聘任到新的岗位等级，专业人才队伍活力进一步得到激发。

（五）严明纪律规矩，推进全面从严治党向纵深发展。

学院党委严格落实全面从严治党主体责任，常态化研究党风廉政建设工作，制定学院党的建设工作台账、《落实总署党委“深入治理违反中央八项规定精神突出问题 进一步推进清廉海关建设的若干措施”工作分解表》，实现党建工作清单化管理。召开党风廉政建设工作例会，听取公开招录、基本建设和采购工作等 3 个岗位的廉政风险点及监督制约措施落实情况，非执法领域风险岗位工作流程进一步规范。组织廉政警示教育，扭住“四风”问题不放手，节假日前及时发布廉政提醒，队伍纪律作风进一步强化。

（撰稿人：于东飞）

全面做好教育培训工作

2021年，教育培训处深入学习贯彻党的十九届五中、六中全会精神，认真开展党史学习教育活动，落实学院“1341”工作模式要求，持续推进以党建为统领，党建与业务深度融合，以建设海关特色突出、国际先进、国内一流海关干部学院为目标，深入推进改革创新，切实提高培训质量，圆满完成全年工作目标。

一、统筹新冠肺炎疫情防控与培训任务，努力开创教育培训新局面

2021年，培训工作受新冠肺炎疫情影响较大，学院严格贯彻落实新冠肺炎疫情防控常态化下带班及学员管理各项规定，按照“效率为先、质量为要、精心为上、安全为本”的思路，探索线上培训新模式，提升综合培训能力，首次承办了线上初任培训、艰苦边远海关业务骨干培训班，圆满完成了党的十九届五中全会精神暨党史学习教育专题轮训、执法一线科长培训、关衔晋升培训、任职培训等各项培训任务，确保了培训安全、高质量顺利进行。

年内，学院共完成线上、线下培训班55期，培训15,746人次，119,266人天。其中，线下培训班26期，培训学员4,099人次，合计12,375人天。线上培训班29期，培训学员11,647人次，合计106,891人天。承办总署计划内培训13期，5,017人次，77,906人天；计划外培训42期，10,729人次，41,360人天。

二、坚持质量为要，精心安排教学内容

持续深化习近平新时代中国特色社会主义思想学习培训，坚持把习近平新时代中国特色社会主义思想作为培训的重中之重。针对线上培训“氛围不浓，现场感不强”的难点下功夫，策划了线上演讲比赛、党史学习微课堂、线上直播云研讨、网上《百年回响》、《踏寻秦皇岛红色记忆》等系列特色教学活动。精心选聘优质师资，对原有师资重新进行对接筛选，并不断拓展兼职教师渠道，优化授课师资队伍，严把政治纪律关。成立课程审核专家组，逐一审核授课内容，

严把课程质量关。初任培训中认真开展线上集体备课和教师培训。2021 年共聘请兼职教师 68 人，其中系统内 44 人、系统外 24 人，新增来自中共上海市委党校、中共河北省委党校、中国人民解放军国防大学、上海交通大学等专家教授 9 人。

三、坚持严管厚爱，提升培训管理水平

2021 年，学院结合线下、线上培训的不同特点，坚持总结提升与创新探索并重，不断提高管理水平。线下培训做到全封闭管理，学员入校即签署防疫承诺书，出入校门实行严格的请销假制度，严格执行培训纪律和要求，注重制度上管理、思想上教育、心理上疏导，确保学员身心安全。线上培训注重加快线上培训制度体系建设，规范线上培训管理，为承接各类线上培训打下坚实基础。创新线上培训管理工作机制，利用互联网丰富的管理工具，探索建立了课前调试到课后数据统计反馈 8 个环节完整的日常线上教学管理流程、线上特色课程举办流程和突发事件处置流程。坚持“改形式不降标准”，形成了“直播授课+随机交流+随堂测试+课后考核”的科学管理办法。针对学员学习数据，实时进行线上学习分析，跟踪学员学习效果，为干部培训定制化学习提供数据基础，有效提升网络培训管理水平。

四、做好科研管理工作，提升科研能力

起草学院科研工作“十四五”规划，明确科研工作方向。拟定学院科研课题申请指南，提升学院服务海关工作能力水平。更新改版智慧校园科研管理模块，完成了自 2015 年以来的科研项目历史数据上传，摸清学院科研情况底数。完成院级课题的《科研经费管理手册》管理和经费使用规范性审核工作。创新办刊形式和栏目设置，突出办刊特色。全年刊物印发 4 期，通过微信等多种形式广泛征稿，与作者建立紧密联系，稳定稿件来源。凝练院刊栏目特色，结合学院发展和学科建设规划，新增“谋划‘十四五’”“习近平中国特色社会主义思想研究”“海关执法研究”“党史学习教育”“海关史研究”等栏目，突出特色，以栏目带动刊物发展。赴上海海关学院、中国浦东干部学院、燕山大学河北省公共政策评估研究中心学习调研，就科研管理工作、刊物工作、智库建设等进行交流学习，拓展学院教职工对智库和学科建设的视野。总结提炼教科研成果，提升学院办学影响力。积极推动处室人员参与课程开发和课题研究，总结提炼学院教育培训经验，为进一步创建一流干部学院奠定坚实基础。

五、修订完善制度，推动教育培训治理体系建设

加强教学管理、学员管理和科研管理

工作的规范性。制定了《教学事故认定和责任追究办法（试行）》和《学员行为管理规范》两项制度，修订了《学院科研项目管理办法》《外聘教师管理办法》《教师授课资格认定及课程开发管理办法》《班主任管理办法》和《学员管理办法》4 项制度。适应线上培训形势，促进网络培训工作制度化和规范化，制定了《网络培训班管理办法》《网络直播教学突发事件应急处置预案》。根据教培中心下发的考核方案和评优方案，配套出台《2021 年海关初任培训日常考核方案实施办法》《队列训练考核方案实施办法》，并制订了包含 10 个子方案在内的《2021 年海关初任培训评优方案》。深化教学改革，提高教学水平和教学质量，制定了《培训评估管理办法》《教学成果奖励办法》《教学成果奖项目培育管理办法》《教学委员会章程》，同时修订了《学术委员会章程》和《学术委员会议事规则》。

六、做好培训文化建设，提升培训内涵

开展丰富文体活动，组织开展了羽毛球、篮球、乒乓球等系列体育比赛和班级联欢会、趣味运动会等活动，在艰苦边关骨干班中与被隔离学员创意开展了线上主题班会和线上联欢会，增进了同学情谊，活跃了文化生活。围绕“网站、微信、新闻客户端”，展现培训工作动态，全年共编发新媒体微信 85 期、宣传视频 1 个，其中被“学习强国”河北客户端采用 1 篇，被“海关发布”、《中国国门时报》、《金钥匙》、《中国海关》杂志等系统内媒体采用 26 篇，在《中国国门时报》发表文字稿件 2 篇。

七、扎实基础，圆满完成专项工作

积极参与教育思想大讨论，融入“十四五”发展大局。圆满完成两项署级评审工作——党的十九大以来海关优秀教学成果评审工作和总署职称评审工作。发挥考试测评研究中心和网络教育培训中心作用。做好教学委员会和学术委员会日常工作。成立教学委员会，制定了《教学委员会章程》，组织召开学术委员会日常工作会议 5 次，审议《学科专业带头人遴选办法》、评议学科专业带头人人选、课题立项、结项、课题开发、评审等工作。

（撰稿人：闫静静　杨　丽）

扎实做好新冠肺炎疫情防控工作

2021年，学院认真学习贯彻习近平总书记关于疫情防控工作的重要指示批示精神，严格落实总署党委部署和属地各项防疫要求，提高政治站位，压实主体责任，切实增强全体教职工疫情防控意识，严而又严、慎而又慎、细而又细、实而又实做好疫情防控工作。

一、提高政治站位，坚持底线思维

2021年，学院在全体教职工大会上强调部署疫情防控工作，并通过形势分析及工作督查例会、支部党员会议等多种形式，对内部防控管理、个人非工作渠道防护等提出具体要求；传达落实全国海关疫情防控工作专题视频会议上署领导讲话精神，组织开展疫情防控工作自查，时刻紧绷疫情防控这根弦，以实际行动坚决做到“两个维护”。

二、压实各方责任，完善工作机制

压实领导干部责任，学院党委书记、院长作为学院疫情防控工作的第一负责人，疫情发生以来靠前指挥、担当作为，全面负责疫情防控的组织领导和责任落实。压实部门责任，各处室负责人是学院各部门疫情防控主要责任人，在坚决贯彻落实各项防疫规定和要求的前提下做好主责主业。压实个人责任，全体教职员工本着“每个人是自己健康第一责任人”的主人翁精神，强化个人及共同居住人防护责任，认真做好非工作渠道个人防护。

三、从严从紧从细，做好防控工作

学院认真落实疫情内部防控制度，及时根据总署和属地相关要求调整学院防控措施，层层压紧压实责任；储备适量防护物资，认真做到疫情防控“五有”要求。

学院严格执行健康码“绿码”、测温正常等上岗要求；建立“日报告、零报告”台账，掌握全体教职工和共同居住人身体健康状况；建立出行出差台账，严格执行内部人员出行出差审批制度和核酸检测要求；将第三方服务人员纳入学院“日报告、零报告”和出行台账管理范围。

学院对办公场所、教学场所、会议室、食堂、电梯等公共区域定期进行通风消毒和环境清理，做好相应台账记录；对进入办公区域的外来人员，严格执行扫码、测温、审批、登记；明确要求教职工提高非工作渠道个人安全防护，倡导少聚集、少聚餐，确保不发生非工作渠道感染。

四、提升应急能力，强化监督检查

2021 年，学院制定了《新冠肺炎疫情防控应急处置预案》，组织开展针对培训学员在院期间发生疫情的应急演练，确保能够以最快速度处理疫情突发事件，做好封闭管理、隔离转运等应急处置；结合近期属地防疫管理要求，制定学院教职员工疫情封控期间应急处置办法，设置各部门重要岗位 AB 角，确保属地封控期间公文流转、教育培训等主要工作正常运行。

学院疫情防控工作领导小组按照总署“四不两直”要求，不定期对院内各部门“日报告”台账、人员管理、环境消杀、物资储备等疫情防控工作开展检查，发现问题、立行整改、堵塞漏洞。

（撰稿人：高　健）

积极推进国际合作交流工作

2021年，学院主动参与高水平实质性国际合作与交流，多边、双边国际合作不断深入，特别是与国际原子能机构（IAEA）建立了密切合作关系，通过“三智”工作、外事培训、参加国际海关组织会议、承担国际原子能机构科研项目等方式，使国际合作交流工作走向深入。

一是与国际原子能机构（IAEA）开展合作。2021年10月，与国际原子能机构（IAEA）签署合作协议，指定中国海关防辐射探测培训中心为国际原子能机构“核安保一线官员能力建设”协作中心。作为全球第一个由国际原子能机构（IAEA）成员海关部门负责的协作中心，将在国际核安保一线官员能力建设和利用核探测技术促进贸易安全与便利化等方面发挥作用。

二是巩固双边及多边合作。2021年，学院协助监管司巩固与美国能源部之间的有关辐射探测和防扩散出口管制商品识别2个合作项目；与俄罗斯海关学院共同起草了《防范核及其他放射性物质非法贩运联合演练标准方案》《中俄海关关于联合培训检查与防范非法运输可裂变及放射性物质海关干部备忘录》，为下一步合作奠定基础；承办中国首期世界海关组织（WCO）战略贸易管制执法培训，开拓了与世界海关组织（WCO）合作新领域。

三是推进“三智”合作重点项目。2021年，中国海关管理干部学院挖掘“三智”理念内涵，融入总署“三智”建设和发展，申报3项“三智”合作早期收获项目，为中东欧等“一带一路”沿线国家和地区提供辐射探测技术培训，推进国际原子能机构（IAEA）协调研究项目下一步工作。参加总署“三智”合作早期收获调研交流会，按要求如期报送“三智”合作工作开展情况报告等。

（撰稿人：孙晶姝）

第三篇

党的建设

党建工作

【概况】2021年，学院以习近平新时代中国特色社会主义思想为指导，深入学习贯彻全国海关工作会议、全国海关全面从严治党工作会议精神，以党的政治建设为统领，以庆祝中国共产党成立100周年和党史学习教育为主线，建立“1341”工作模式，持续加强基层党组织建设，推进党风廉政建设和反腐败工作，确保管党治党各项任务落实落地、取得成效。

截至2021年年底，学院共有在职党员57人、离退休党员39人、合同制员工党员2人，入党积极分子8人，入党申请人3人，设有党委1个、党支部10个。

【党委理论学习中心组学习】2021年，学院党委以习近平新时代中国特色社会主义思想为指导，以学习宣传贯彻党的十九届六中全会精神为重点，全面落实总署党委全面从严治党工作会议精神，谋划“十四五”发展布局，将党史学习教育贯穿全年，认真组织开展党委理论学习中心组学习。通过理论学习，为推动学院党建、行政各项工作高质量发展提供强大的思想保证和精神动力。

2021年，学院党委理论学习中心组共组织开展集体学习6次，包括专家讲座1次、领导干部讲学1次、参观见学+学习研讨1次、专题学习3次。学习内容涵盖习近平总书记在庆祝中国共产党成立100周年大会上重要讲话精神、党的十九届六中全会精神、习近平法治思想、巡视整改专题学习、党史学习以及党的先进性教育。参加人员根据学习内容扩展到中层领导干部和高级职称人员。

在学习过程中，形成3方面主要经验做法：

突出学习重点，在深入学习上下功夫。发挥学院主要负责人的带头示范作用，党委书记杜祥培、院长陈晖亲自进行授课。在集中学习的基础上，做好自学，做到学习有计划、有材料、有笔记。紧密围绕党史学习教育这一主题主线，精心设计学习计划，确保理论学习与中央、总署步调一致。

强化学习载体，在创新方式上下功夫。利用学院丰富的教学资源，将党委理论学习中心组作为教育培训的延伸，采用不同的学习方式开展集中学习。全年6次集中学习，既有邀请专家来院的讲授式学习，也有到实地参观的体验式教学；既有党委班子成员带头授课，也有教职工分享学习心得，切实做到教学相长、知行合一。

紧密结合实际，在学以致用上下功夫。学院党委将理论学习与专题调研、现场学习相结合，以党史学习教育为契机，深入广大教职工、深入参训学员，扎实开展“我为群众办实事”。在集中学习之外，中心组成员还开展调研23人次，以理论学习推动学院“十四五”发展规划的制订和实施、推动巡视整改任务落实见效。

【“1341”工作模式】为坚持和完善党委领导下的院长负责制，贯彻倪岳峰署长来院视察时提出的“学院要突出政治建校，坚持干部教育培训‘姓党’根本原则”这一要求，切实推动学院全面从严治党纵深发展，2021年学院党委提出“1341”工作模式，即“以党建为引领，党委、行政和纪委工作同谋划、同部署、同推进、同考核，扎实推动学院各项工作高质量发展”。

完善制度机制。强化“政治院校”意识，在落实重大任务和推动业务工作中检查正确方向，坚持完善党委领导下的院长负责制，坚持党委的领导核心地位，保证院长依法行使职权，建立健全党委统一领导、党政分工合作、协调运行的工作机制。健全党委与行政议事决策制度，完善党委会议事规则、院长办公会议事规则，不断提高贯彻执行党委领导下的院长负责制水平。突出重点环节，对执行民主集中制和“三重一大”事项决策过程，对采购、财务资金使用、基建工程、科研经费使用、选人用人等关键部位、岗位重点关注，做到监督常在、形成常态。坚持用好监督执纪“四种形态”，一体推进形成不敢腐、不能腐和不想腐的长效机制。

夯实组织基础。着力解决联合支部建设对各处室业务工作结合不够紧密的问题，以处室为单位，重新调整党支部设置，按照行政部门分别成立（调整）党支部。配合党支部调整，对《党支部工作手册》、发展党员相关材料等支部档案进行检查，对没有落实《党支部工作条例（试行）》等党内法规的党支部，在一定范围进行通报。持续深化“强基提质工程”，按照“一支部一品牌、一品牌一特色”的要求，各党支部紧密结合自身队伍、业务实际，提炼品牌内涵、明确创建目标、细化创建措施。

建设专业队伍。常态化开展党建业务培训，每年集中时间对党务干部队伍进行比较系统、专业的党务工作业务培训，不断提高党务干部的业务能力水平。推动党员教育管理与干部选拔使用深度融合，坚持严管和厚爱结合、激励和约束并重，着眼于提升党务干部的能力本领，将党务干部培训纳入年度干部教育培训计划。组织党员领导干部深入党性教育基地、海关一线等进行学习调研，引导党员干部为高质量发展建言献策，不断提高学院党建水平，为建设具有海关特色、国际先进、国内一流的干部学院提供坚强的政治保证。

强化制度考核。将党支部各项制度执行情况进行考核评估，将党支部工作考核结果与部门考核结果、纪检监察工作成效联系起来，充分发挥考核的指挥棒作用。优化考核结构，健全完善日常考核与年度考核相结合的督导考核机制，推动考核结果规范运用。定期组织开展督查，将党建述职评议、部门述职、个人述廉统一起来，强化督查考核结果运用，增强各级党组织和党员干部责任意识。紧紧牵住责任制这个“牛鼻子”，发挥纪检组织监督作用，通过考核，落实制度执行的刚性，让“1341”工作模式落到实处。

通过建立“1341”工作模式，切实做到坚持干部学院姓党，一切教学活动、一切科研活动、一切办学活动都坚持党性原则、遵循党的政治路线，从讲政治的高度来理解把握学院的每一项工作，朝着“建设具有海关特色、国际先进、国内一流的干部学院”目标不断迈进。

【支部品牌建设】进一步发挥党建统领作用，落实总署党委第十三巡视组向学院党委的反馈意见要求，根据行政处室和党员实际情况，对8个在职党支部进行调整。在各支部开展换届调整工作中，全程指导协助各党支部进行支部调整。组织开展党支部书记、委员专题培训，编印《党支部工作指引》，着力建设高素质专业党务干部队伍。发挥学院党的建设领导小组办公室作用，定期开展党务知识学习，实现党建工作队伍人员专业化。

根据《中共海关总署委员会关于授予2021年度全国海关党建示范（培育）品牌的决定》（署党发〔2021〕39号），总署党委决定，在庆祝中国共产党成立100周年之际，对99个全国海关党建示范品牌、101个全国海关党建培育品牌予以复核认定，新评选26个全国海关党建示范品牌。学院教育培训党支部、监管技术研究中心党支部聚焦党建业务深度融合，强化党建引领，着力把党的政治优势和组织优势转化为推动工作的强大动力通过复核，教育培训党支部为全国海关基层党建示范品牌，监管技术研究中心党支部被评为全国海关基层党建培育品牌单位。

【全国海关示范品牌】中国海关管理干部学院教育培训处党支部从“学思践悟”入手，持续增强党建品牌的辐射带动作用。一是拓展党建三个维度，推动“学思践悟”品牌内涵升级。拓展党建认知维度，使“勤于学习、善于思考、致于实践、精于领悟”的品牌核心内涵得到全体同志的真正认同。拓展党建标准维度，规范品牌创建材料，做到党建规定动作材料立专档、党员成长情况立专档、品牌创建重点资料立专档。拓展党建创新维度，打造内容有“党味”、形式有“趣味”、效果有“回味”的党建工作模式。二是打造

“党建+”工作模式，助力“学思践悟”品牌热力升级。“党建+培训质效”。始终坚持以党建为引领，推进党建工作与培训深度融合，深化教育培训改革，全面提升培训质量。“党建+科研创新”。党支部书记带头抓科研，做科研，处内党员教师围绕教育培训开展课题研究，多项课题获奖。“党建+管理机制”。积极推进制度“立改废”工作，改革处内分配机制，提高工作效率和管理专业化水平；建立党员联系制度，切实发挥党员骨干教师的引领作用。三是发挥示范引领作用，实现“学思践悟”品牌价值升级。传播“学思践悟”理念，加强共筑共建；分享“学思践悟”思路，推动互学共进；提升“学思践悟”价值。

【全国海关培育品牌】学院海关防辐射探测培训处党支部是一支政治坚强、业务过硬、具有高度凝聚力和战斗力的专业化队伍，将党建工作与业务建设紧密结合，以党建引领业务，用业务成果检验党建成效。党支部以习近平新时代中国特色社会主义思想为指引，持续抓好基层党建工作，在实践中不断丰富品牌内涵，深化品牌党支部建设，持续改进、不断提升，为海关事业发展提供坚强有力的组织保障。一方面，党支部积极运用经过实践检验的“党建工作十二条工作法”，创新党建工作方式方法，围绕创新发展抓党建工作，抓好党建循环促进业务改革。不断深化党建品牌内涵，加强培育深化，提升品质。另一方面，抓亮点、重特色，推行“党建+”模式提升党建工作水平，提高党支部凝聚力、战斗力和竞争力，使“党建+”带来各方面“活力+”和“能力+”。

【基层党建培训】为加强党支部标准化、规范化、制度化建设，切实提高党支部书记、委员履职能力，全面提升学院基层党建工作质量和实效，2021 年 10 月 11—14 日，学院党委组织全体党支部书记、委员及党务工作者举办党务工作培训。党委书记杜祥培作开班动员讲话。培训班分为专题讲授、学习研讨、汇报交流等 3 个专题，同时为各党支部准备了《党支部工作指引》和《学习材料汇编》2 本学习材料。学院人事政工处处长岳克东等 5 名同志分别以“建设合格支部，打造‘四强’支部，创建党建品牌”“做好支部组织生活工作”　“如何开展‘三会一课’”“如何做好支部宣传工作”“‘第一种形态’在党支部的运用”为主题开展专题辅导，9 个党支部书记分别代表各党支部汇报学习收获和党支部工作思路、措施。

（撰稿人：于东飞　王　璐）

巡视审计

【概况】2021年，学院先后接受总署党委政治巡视和总署审计工作“回头看”。在这一过程中，学院上下一致展现出了强烈的政治担当，自觉接受监督，主动认领问题，制度切实可行的整改措施，以高度的政治自觉和责任感推动巡视、审计整改落地见效。针对巡视反馈的4个方面38项主要问题，研究制定97项具体整改措施。截至2021年年底，88项整改措施已经完成，9项中长期整改措施持续推进。接受总署审计工作“回头看”，认真对照《未完成整改问题清单》和《整改不彻底清单》列出的2个方面6项问题，制定任务分解表，逐一对照检查，剖析工作中存在的薄弱环节，按照要求完成审计整改各项工作。

【巡视整改】按照总署党委对巡视工作的统一安排部署，总署党委第十三巡视组于2021年4月6日至5月20日对学院开展了常规巡视，并于7月26日向学院党委反馈了巡视情况，指出了4个方面38项主要问题，提出了4点意见建议。根据巡视反馈意见和整改要求，学院党委成立巡视整改工作领导小组，研究制订了包括97项具体措施的整改方案，并从2021年7月底开始进行了为期3个月的集中整改。截至2021年年底，总署党委巡视组反馈的问题已基本整改到位，学院制定的97项整改措施中，88项措施已经完成，9项中长期整改措施持续推进。

成立由党委书记、院长任组长，其他党委委员为成员的学院巡视整改工作领导小组，研究制订整改方案，统一领导学院巡视整改工作。集中整改期内，学院党委共召开5次党委会议、5次专题会议，研究、推动巡视整改工作。以“深入贯彻落实习近平新时代中国特色社会主义思想，切实担负起巡视整改责任，确保各项整改任务坚决有效落实”为主题，召开巡视整改专题民主生活会。

坚持问题导向，将巡视整改与制订实施学院“十四五”发展总体规划紧密结合，明确了“以政治建设为统领，全面强化学院姓党、政治建校；以提升组织力为重点，全面加强教职工人才队伍建设；以教育培训质量为中心，全面提高教学科研水平”的整改目标。针对巡视反馈发现的问题，认真分析原因，从完善学院治理体系与治理结构、推动深层变革和高质量发展的角度出发制定了11项中长期整改措施，将完成时限设置在2021—2025年不等，并且对各项中长期整改措施确立了阶段性的完成指标。

党委书记坚持“严”字当头，从研究部署、任务分解到督办落实，主动向党委成员交任务、明要求。党委委员结合巡视反馈意见，对分管业务领域问题逐项剖析、举一反三、深挖细凿，通过会议研究部署、工作批示、下基层督促检查、与教职工谈心交流等方式认真推动整改工作，加强工作指导和经常性检查督导。制订日常监督工作方案，集中整改期内，由巡视整改工作领导小组办公室每月一次定期开展督导检查。

学院纪委切实履行监督责任，发挥职能作用，协助党委督促检查整改措施落实情况。成立巡视整改监督工作领导小组，建立巡视整改监督台账，对巡视整改进行责任加压，督促整改任务落实落地。

在校园网上开设巡视整改专题，对巡视整改相关工作动态、学院党委及各部门整改方案、整改进展和整改监督情况进行公开。开通巡视整改网上意见反馈通道，及时收集教职工对巡视整改的意见建议。先后组织召开全体会议2次，组织教职工对照巡视反馈意见，从自身工作岗位查找问题，提出措施，共同推进整改。群众满意度测评中对党委落实巡视整改主体责任的整体评价意见中“好”占92.5%、“较好”占7.5%，对党委落实巡视整改的实际效果评价意见中“非常满意”占87.5%、“比较满意”占10%。

【选人用人巡视整改】总署选人用人巡视检查组于2021年4月19—23日对学院党委2018年6月以来选人用人、干部管理监督等工作情况进行了常规检查，并于2021年7月26日向学院党委书面反馈了意见。根据检查的实际情况和整改要求，学院党委高度重视，即知即改、立行立改。学院党委成立了以党委书记、院长为组长，其他党委委员为成员的整改工作领导小组，以坚强的组织保障确保整改工作落实到位。共召开4次党委会议、3次专题会议研究督促整改工作落实。对照检查反馈的问题，以案为鉴、举一反三，结合实际工作中遇到的案例进行剖析，强化对法规制度的理解运用，把准政策边界、杜绝工作偏差。学院党委根据检查组提出的4个方面20个具体问题，研究制订了整改方案，制定了任务分解表，细化了51项具体措施，明确了责任人和整改时限。经过为期两个月的努力，学院整改工作基本达到了预期目标，取得了明显成效。中国海关管理干部学院党委着眼管长管远，紧扣重点领域和关键环节，健全完善制度机制，提高制度执行力，提升管理监督效果认真贯彻落实总署全面从严治党工作总体要求，加强干部队伍各项建设，坚持目标不变、标准不降、要求不松、力度不减、氛围不淡，切实将整改任务转化为夯基础、严管理、管长远、促发展的长效机制，努力建设忠诚干净担当的高素质干部队伍，为建设具有海关特色、国际先进、国内一流干部学院提供坚强的组织保证。

【审计“回头看”】2021 年 9 月 26—29 日，总署审计组对学院 2020 年审计决定落实情况开展了“回头看”工作。学院成立了以院长为组长，主管院长为副组长，各相关处室负责人为成员的核查意见整改工作领导小组。召开审计“回头看”核查问题整改推进会，对照核查结果认真研讨落实措施。领导小组按照责任分工，院长亲自抓、负总责，专题部署研究和推进整改落实工作；分管院长具体负责、直接抓，层层抓落实，按照一岗双责的要求，切实加强对分管整改工作的指导把关。相关处室各司其职，密切配合，通力协作。按照总署核查组提出的整改要求，认真查找自身存在的问题，对照未完成整改问题清单和整改不彻底清单列出的关于资产管理、财务收支和预算管理等两方面 6 项问题，制定任务分解表，逐一对照检查，举一反三，剖析工作中存在的薄弱环节，确保核查内容整改全覆盖。

（撰稿人：于东飞　单婷婷　贺立鹏）

纪检监察

【概况】2021 年，学院以习近平新时代中国特色社会主义思想为指导，深入贯彻落实党的十九大及十九届历次全会精神，认真落实十九届中央纪委五次全会部署，按照驻署纪检监察组部署，坚持“严的主基调不动摇”，增强“四个意识”，坚定“四个自信”，做到“两个维护”，聚焦高质量发展，突出政治监督，依规依纪依法开展执纪问责，发挥监督保障执行、促进完善发展作用，推动学院全面从严治党、党风廉政建设和反腐败斗争向纵深发展。

【政治监督】2021 年，学院把习近平总书记对海关工作重要指示批示精神和党中央重大决策部署贯彻落实情况作为政治监督首要任务。始终紧盯课堂政治纪律监督。密切与承担教育培训工作部门的联系配合，及时掌握每个培训班次的学员课堂评价，通过随机听课，抽查培训班次课堂政治纪律；督促学院出台制度，严把课堂政治纪律关，确保学院政治建院目标定位无偏差，三尺讲台无杂音。

【新冠肺炎疫情防控监督】纪委根据驻署纪检监察组和学院党委工作部署，制订监督方案，持之以恒抓好疫情防控常态化监督，紧盯培训班和餐厅等密集场所，坚持对教育培训处、后勤保障处疫情防控措施落实情况的日常督导，开展疫情防控责任落实情况专项检查，督促问题整改，每周按时向驻署纪检监察组报送监督报表。

【巡视整改监督】2021 年，学院接受总署党委第十三巡视组的巡视，院纪委组织成立巡视整改监督工作领导小组。紧盯巡视反馈的 38 个问题，制定《巡视整改监督任务分解表》、细化 42 条监督措施，对问题责任部门下发监督建议书或意见书 5 份、情况说明函 8 份，通过严格督查问效，层层传导责任压力，推动巡视整改工作落地见效。

【日常监督】2021 年伊始，深入 8 个处室开展专项调研，排查各部门廉政风险，分析基层政治生态，推动重点工作落实；坚持节假日前及时发布廉政提醒，始终扭住“四风”问题不放手。把好人才选用政治关，认真审议2021年人员招聘和选人用人工作方案，提出意见建议，组织召开考务纪律提醒会，对笔试、面试、投票等流程几乎全程参与，严把党风廉政意见回复关；组织开展疫情防控监督、客房管理、物资采购等重点敏感岗位和环节、食堂出入库管理、选人用人、基建项目管理等非执法领域6个项目专项检查10次，发现问题17个，下发监督建议书2份，提出监督建议6个，督促问题整改。此外，以日常列席会议监督和专项检查方式，时刻紧盯海关总署监管技术研究中心北戴河基建项目建设，对海关系统优秀教学成果评审等重要工作跟进监督。

【全面从严治党主体责任推动落实】 2021年，学院认真贯彻落实《中共中央关于加强对“一把手”和领导班子监督的意见》，按照总署党委和驻署纪检监察组部署，推动出台《中共中国海关管理干部学院委员会关于加强对“一把手”和领导班子监督的落实措施》；督促学院修订完善“三重一大”制度3个；纪委书记就民主集中制、“三重一大”、学院廉政风险等事项及时同党委班子成员谈话提醒；督促院党委把“第一种形态”运用纳入支部党建工作考核，层层传导全面从严治党压力。

【“数字化”监督】 依托信息化平台“海关监督执纪问责信息管理系统”，启用“中国海关管理干部学院电子廉政档案系统”，建立“一部门一档”“一人一档”，汇总搜集资料，动态更新维护，为研判学院政治生态、排查廉政风险隐患提供参考。把好党风廉政意见回复关，全年完成各类干部廉政审核7批，35人次。

【“四种形态”运用】 坚持惩前毖后、治病救人方针。2021年，学院纪委共运用监督执纪问责“四种形态”批评教育帮助和处理10人次。其中，“第一种形态”9人次，“第二种形态”1人次。

【警示教育】 2021年，学院传达驻署纪检监察组在全国海关通报44起违纪违法和问责典型案例，播放《国门卫士岂容违纪破法》警示教育片；邀请秦皇岛市纪委监委到院开展警示教育1次；组织全体教职工集体观看了秦皇岛市纪委监委廉政警示教育片《捍卫忠诚》；对1名受到“第二种形态”处分的党员干部在其所在党支部召开通报会议，用身边事教育身边人；组织院领导班子和处级干部到秦皇岛市廉政教育基地（留置场所）参观，现场接受精神洗礼。督促广大党员干部引以为戒，筑牢拒腐防变防线，切实增强廉洁自律意识。

【协作办案机制】 2021年7月，学院纪委与秦皇岛市纪委监委签订了协作配合工作办法。进一步规范“组地关”协作配合工作的意见，规范职务违法犯罪案件管辖、问题线索移送程序等关键事项。

▲2021 年 7 月 28 日，学院纪委与秦皇岛市纪委监委签署合作备忘录仪式

【纪检监察队伍开展党史学习教育】 督促专兼职纪检干部认真完成“学习强国”“钉钉”等网络学习平台视频学习、党史知识测试等“必选动作”，纪委书记带头讲党史、纪检监察史，组织全院纪检干部参观长城博物馆了解抗战期间长城故事、参观甲申史鉴馆透过李自成及其领导的起义军兴衰荣辱加强对党的先进性和纯洁性建设的认识，促进党史学习教育从感性认识向理性自觉转化，激发纪检干部党史学习的内生动力，引导纪检干部把学习教育激发出来的激情热情，转化为履职尽责、干事创业的实际行动。

【纪检监察队伍建设】 密切与中国纪检监学院（北戴河）校区联系配合，就学院纪检干部学习培训及双方师资共享共建建立合作配合联系机制；坚持“纪检小课堂”学习制度，通过学习培训激发纪检干部学习研究热情和业务能力提升，通过课题研究检验学习成效、提升业务水平，以产学研深度融合助力纪检监察工作高质量发展。

（撰稿人：牛继豪　裴君博）

队伍建设

【概况】2021 年，学院加强专业人才引进，推进制度建设和队伍建设，为学科专业带头人遴选、聘任及学院高层次人才引进打好基础。加强干部队伍教育培训，组织学院教职工参加总署安排的集中调训和多个培训班次。群团组织、离退休工作稳步推进，建立荣誉激励机制，管理和组织学院表彰奖励工作及开展荣誉仪式。

【人才队伍建设】专业人才引进工作接续推进。2021 年，通过公开招聘和系统外调入方式引进 2 名管理人员，满足学院加强地方外联和服务重大基建项目工作需要。年内，通过公开招聘和系统外调入方式为教学部门引进 2 名急需专业人才，补充到学科专业和教学管理人才队伍。提前启动了 2022 年人才公开招聘工作，招聘工作方案获院长办公会原则通过。职称评聘工作有序开展。启动了学院专业技术职务聘任委员会设立工作，工作章程草稿已起草完毕，进入意见征求和修改完善环节。推荐 4 名教师参加河北省 2022 年中、高级职称评审，1 人取得高校副教授职称，3 人取得高校讲师职称。学院《专业技术岗位聘任管理办法（试行）》获海关总署人事教育司同意备案并正式印发，年内组织开展了 2019 年专业技术岗位首次聘任后的第一次专业技术岗位日常聘任工作，14 名专业技术人才晋聘新的岗位等级。制度建设和队伍建设工作不断加强。制发《博士引进配套措施（试行）》和《临时性租房补助发放办法（试行）》作为学院首批高层次人才引进政策，为今后学院引进高层次人才进行制度准备。制发学院《教职工外出实践锻炼管理办法（试行）》，落实倪岳峰署长 2020 年来院调研时关于强化海关学校与海关单位工作联系的讲话精神，组织 2020—2021 年新入职 5 名教职工作为首批派出人员赴秦皇岛海关开展实习锻炼。制发学院《学科、专业带头人遴选及管理办法（试行）》，贯彻落实学院“十四五”事业发展总体规划关于加强学科专业建设的要求，组织开展学院历史上第一次学科专业带头人遴选，首批聘任学科带头人 3 名、专业带头人 4 名。起草学院

《教职工博硕学历（学位）进修管理办法（试行）》，进一步加大对教职工提升能力的激励力度，草稿已进入意见征求和修改完善环节。

【干部教育培训】2021 年，适应疫情防控常态化的形势需要，统筹线上、线下两个渠道，组织开展了多主题、多层次、多形式、多渠道的培训工作。严格完成好海关总署部署的主题教育培训任务和重点人员集中调训。组织全体教职工分 9 批次参加全国海关系统学习贯彻党的十九届五中全会精神专题、党史学习教育专题、学习宣传贯彻习近平法治思想专题 3 个专题培训班学习。组织全体处级及以上干部参加中国干部网络学院“党史百年”网上专题学习。组织全体处级及以下在编教职工分 5 批次完成学院学习贯彻党的十九届五中全会精神暨党史学习教育专题线下集中轮训。组织教职工参加 2 期十九届五中全会精神专题和 8 期党史学习教育专题“海关 e 课堂”培训。组织全体教职工参加全国海关党史知识网络竞赛和习近平新时代中国特色社会主义思想专题学习测试。选派 1 名学院领导和 1 名处长分别参加中组部司局级和县处级领导干部集中调训。结合学院“十四五”事业发展总体规划和工作实际开展针对性专项工作培训。选派学院领导参加海关系统司局级干部专业化能力提升培训 2 期 5 人次；选派教职工参加系统内外业务集中调训和网络培训 19 批 34 人次。组织 2 名新接收军转干部和 2 名新招聘人员参加海关系统年度初任培训。组织人事政工干部和分管院领导参加全国海关党建工作专题培训，开展人事业务工作专项培训。组织教学部门和国际交流合作机构的 28 名青年骨干开展海关英语翻译和外事能力培训。积极支持教职工参加社会化素质能力培训。支持教学部门 2 名专任教师参加社会专业机构组织的团队建设能力培训，为开发新教学专题做准备；支持财资部门工作人员参加社会机构承办的财会专业人员年度继续教育培训，强化业务能力。

▲2021 年 10 月 11 日，学院举办党务工作培训

【群团组织工作】2021 年，学院工会、妇委会、团总支在院党委和上级工会的领导下，以习近平新时代中国特色社会主义思想为指导，深入贯彻党的十九大和十九届历次全会精神、中央群团工作会议精神，紧紧围绕学院中心工作，服务服从于学院改革发展大局，认真履行工会的“维护、建设、参与、教育”四项基本职能，充分发挥桥梁纽带作用，强化责任担当，狠抓任务落实。为更好发挥“半边天”作用，围绕服务妇女群众发展，7月8日，学院召开第一届妇委会选举会议，以无记名投票的方式等额选举3位同志为学院第一届妇委会委员。经常性开展喜闻乐见、丰富多彩的工会文体活动，调整增补文体协会至6个，制定《学院文体协会管理办法》和各协会活动章程。组织开展“颂歌献给党”歌咏会、抄党史活动、“建党百年 羽你同行”羽毛球比赛、“建党百年 伽人有约”瑜伽特色活动等一系列活动。通过组织“三八妇女节”插花、“教师节”暖心烘焙活动以及“六一儿童节”剪纸活动筑牢联系党委、行政与教职工的桥梁。邀请秦皇岛海关工会、北戴河海关工会来学院座谈，三家同系统海关单位就进一步建立沟通联络机制、实现资源共享，共同为服务海关各项工作献计出力等方面展开深度交流。加强日常关心帮扶，年内为20余名教职工送去关怀和温暖。完成大病互助医疗参保工作，年参保人数73人次，3,650元。落实学院“我为群众办实事”工作要求，制定出台《学院困难职工帮扶管理办法》。发挥“职工之家”“职工书屋”的主阵地作用，突出特色化、品牌化，营造浓郁的校园书香氛围，年内组织开展“共建职工书屋 共享读书乐趣”图书捐赠活动，共收到捐赠图书450册，“职工之家”为会员提供服务77场次，800余人次。“职工之家”“职工书屋”分别获评秦皇岛市级“职工之家”和“职工书屋”荣誉称号。

▲2021年3月8日，学院工会举办“幸福像花儿一样”主题插花活动

【离退休工作】2021年，学院坚持用习近平新时代中国特色社会主义思想和习近平总书记在庆祝中国共产党成立100周年大会上的重要讲话精神武装头脑，立足老同志特点，结合新冠肺炎疫情防控常态化实际，利用微信工作群平台，依托离退休人员活动中心等主阵地，开展线上线下学习交流，引导老同志深入学习习近平新时代中国特色社会主义思想、习近平总书记重要讲话精神，开展党史学习教育，进一步增强“四个意识”，坚定“四个自信”，做到“两个维护”。

组织多种形式组织学习党史活动，学习贯彻党的十九届五中、六中全会精神，学习习近平总书记《关于〈中共中央关于党的百年奋斗重大成就和历史经验的决议〉的说明》《中共中央关于党的百年奋斗重大成就和历史经验的决议》以及《人民日报》时评《深刻理解党百年奋斗的历史意义——论学习贯彻党的十九届六中全会精神》等。

加强离退休党支部建设，将离退休党组织建设纳入2021年度党建总体规划，分类指导，确保在职、离退休党建工作统筹兼顾。健全和规范离退休党组织建设，进行离退休党支部换届选举，选举年富力强、勇于担当、积极作为的老党员担任离退休党支部书记、委员。利用党支部委员会议时间组织学习和培训，并落实支委补贴。根据离退休党员实际情况，开展党的组织生活。充分发挥老党员的政治优势、经验优势、威望优势，树立良好形象，教育、引导、带动其他老同志听党话跟党走。

积极组织老同志开展形式多样的政治理论学习活动，开展主题党日活动、学习习近平总书记“七一”重要讲话精神等活动，以党支部书记上党课、座谈、写学习心得体会等形式，进行多种多样的学习活动，引导老同志们更加深刻地理解和准确把握习近平总书记提出的新思想、新观点、新论断和新举措。围绕庆祝建党百年，精心组织各种正能量活动，组织退休老同志围绕“我看建党百年新成就”专题开展调研活动，撰写调研报告并上报。开展“庆祝纪念建党100周年”等主题征文、摄影等活动和“面对面”视频访谈活动，择优向总署离退休干部局报送了4篇征文、4幅摄影作品、1个视频，裴学群老师的摄影作品《传承》入围。

加强离退休干部队伍党风廉政建设，积极宣传老干部工作方针政策，传导纪律要求，引导老同志严格遵守党中央关于公开发表言论、兼职任职、继续从业、出国（境）审批、重要事项报告等方面纪律规定，重大节日前和在职人员退休时，均进行警示教育，组织开展健康向上、适合老同志特点的各类文体活动，帮助新退休人员科学规划退休生活。

▲2021年10月12日，学院组织离退休老同志欢度重阳节

中国海关管理干部学院党委领导关心老党员，在七一前夕进行慰问；召开会议，为5名党龄达到50年的老党员发放纪念章。还积极参加学院组织的“建党百年红歌献给党”主题活动，进行诗朗诵与红歌联唱；多位老党员还参与录制“我想对党说”专题视频，弘扬了红色精神也提高了组织凝聚力。组织欢度重阳节等活动，为80周岁以上老人过生日活动，参观海关总署监管技术研究中心项目工地，赴秦皇岛海关离退休活动中心参观学习等，提高老同志的向心力，丰富了老同志们的生活。

年内，在学院办公用房紧张的情况下，解决150平方米的离退休活动用房。做好养老金发放、家属院拆迁等老同志最关心的问题，做好职工大病医疗互助等的解释答疑，为5名提前退休人员解决养老金补差的问题，确保退休人员队伍稳定。认真落实老同志各项待遇，通过走访座谈，切实解决他们的烦心事。将生病住院、高龄、独居老人纳入重点关注和帮扶范围，做好个性化、亲情化服务，积极协调解决实际困难，共计慰问近50人次，精心组织体检，营造尊崇老同志的氛围，提升老同志的满意度和幸福感。

【荣誉体系建设】2021年，学院深入推进学院荣誉体系建设，根据党和国家功勋荣誉表彰工作的重要指示，按照总署党委关于“深入挖掘一批各层面、各业务领域先进典型，探索推进海关荣誉体系和荣誉制度建设”的部署要求，加强对学院各级各类、各种形式荣誉的创建和管理，制定学院《荣誉体系建设管理办法》。

年内，成立学院荣誉体系建设领导小组，党委书记杜祥培及院长、党委副书记陈晖任组长，成员包括院领导刘辉、赵玉庆、蔺婧，主要负责：管理、组织、指导学院荣誉相关工作；积极向海关系统内外争创荣誉；对荣誉载体的组织和管理。领导小组下设荣誉体系建设工作办公室，办公室设在人事政工处（党委办、离退休干部办公室），主要负责：组织学院及指导学院其他部门参加海关系统内外开展的先进评选活动；管理和组织学院表彰奖励工作；对荣誉激励机制、工作办法等草案提出修改意见；组织重大荣誉仪式。

▲2021年11月23日，学院举行中层领导干部任职宪法宣誓仪式

▲2021年11月24日，学院举行赵玉庆同志荣退仪式

建立荣誉体系目的是将荣誉激励贯穿于教职工职业生涯发展全过程及重点节

点，进一步增强队伍凝聚力。设计荣誉奖章及工作纪念章，荣誉奖章由中国海关关徽、学院院徽、五角星、长城、大海等元素构成，采用金、银、铜材质，于2021年教师节表彰大会分别颁发给在学院工龄满30年、20至29年和10至19年的人员。11月23日，学院组织召开中层领导干部宪法宣誓仪式，党委副书记、院长陈晖监誓，副院长刘辉主持仪式，对2019年10月以来提任的7名中层领导干部进行了集体宪法宣誓仪式。11月，为2名同志举行了荣退仪式。

（撰稿人：王　璐　白新峰　赵玉艳　贺立鹏）

第四篇

教育培训科研

教育培训

【概况】2021年，学院贯彻落实新冠肺炎疫情防控常态化下带班及学员管理的各项规定，按照“效率为先、质量为要、精心为上、安全为本”的思路，探索线上培训新模式，提升综合培训能力，首次承办了线上初任培训、艰苦边远海关业务骨干培训班，圆满完成了党的十九届五中全会精神暨党史学习教育专题轮训、执法一线科长培训、关衔晋升培训、任职培训等各项培训任务，确保了培训安全、高质量顺利进行。2021年，学院共完成线上、线下培训班55期，培训15,746人次，119,266人天。

年内，学院探索线上培训新模式，实行线下和线上相结合的方式开展培训，坚持总结提升与创新探索并重，不断提高管理水平。线下培训中，注重从制度上进行管理、从思想上进行教育、从心理上进行疏导，确保学员身心安全。坚持做到全封闭管理，学员入校即签署防疫承诺书，出入校门实行严格的请销假制度，严格执行培训纪律和要求。线上培训中，创新线上培训管理工作机制，利用“钉钉”平台，探索建立了课前调试到课后数据统计反馈8个环节完整的日常线上教学管理流程、线上特色课程举办流程和突发事件处置流程。坚持“改形式不降标准”，形成了“直播授课+随机交流+随堂测试+课后考核”的管理方法。收集整理学员信息、课程学习信息、教学评估信息、综合评估信息等信息资料，针对学员学习数据，实时进行线上学习分析。

凝练培训文化，营造良好氛围，提升培训内涵。一是结合党史学习教育活动和党的十九届五中、六中全会学习活动，及时更新教研楼文化长廊内容，制作东校区宣传展牌30块，营造浓厚政治氛围，展现培训动态和学员风采。二是开展丰富的文体活动，组织开展了羽毛球、篮球、乒乓球等系列体育比赛和班级联欢会、趣味运动会等活动，在艰苦边远海关业务骨干培训班中与被隔离学员创意开展了线上主题班会和线上联欢会。三是围绕“网站、微信、新闻客户端”，开放传播，全方位、多角度展现培训工作动态。年内共编发培训新媒体微信85期、宣传视频1个，其中被“学习强国”河北学习平台各采用1篇，被海关发布、《中国国门时报》、《金钥匙》、《中国海关》等媒体采用26篇，在《中国国门时报》发表文字稿件2篇。

【特色培训品牌项目】 2021年，学院承接线上初任培训、艰苦边远海关业务骨干培训班、党的十九届五中全会精神暨党史学习教育专题轮训。承办了执法一线科长培训、关衔晋升培训、任职培训等各项培训任务。全国反走私综合治理和调查研究中心秦皇岛分中心承办了“中国反走私大讲堂”培训。

海关新录用公务员初任培训班

2021年海关初任培训全程调整为线上培训，共计完成第一阶段13天1,488人次以及第二阶段A班35天1,236人次的培训任务。学院认真贯彻落实署领导提出的“安全第一、质量为要”总体要求，坚持创新探索与总结提升并重，创新教学形式和管理模式，形成了诸多亮点和特色做法。在教学安排上，严格执行全国海关教育培训中心初任培训教学计划，共安排268学时课程，将学习习近平新时代中国特色社会主义思想和党史学习教育与政治能力作为重中之重，共安排156学时。精心选聘44位师资、线上集体备课、审核教学课件、细化研讨方案、做好教学与管理评估。针对线上培训“氛围不浓，现场感不强”的难点大胆探索，策划了线上演讲比赛、党史学习微课堂、线上直播云研讨、网上《百年回响》、《踏寻秦皇岛红色记忆》等系列特色教学活动，让线上培训有了温度和热情。

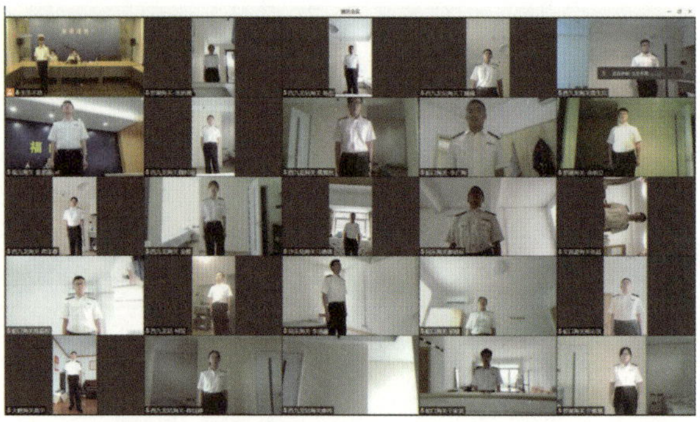

▲2021年8月11日，初任培训学员开展“云端”队列训练

在学员管理上，完善线上工作配合机制。抽调学院6名骨干教师担任线上培训一级班主任，坚持每周例会制度，开展工作小结，及时研究解决问题。同时请各海关单位选派二级班主任，建立工作联系微信群、直播授课钉钉群，加强联系配合，积累了线上特色课程和突发事件处置的宝贵经验。创新初任学员管理模式。加强日常监督考核力度，用随堂测试检验学习成效。坚持“改形式不降标准”，教师分组对1,488 名学员的队列训练视频逐一考核

▲2021年8月8日，首次海关系统线上初任培训在学院开班

打分，确保了准军事化训练质量。开展了优秀组织单位、“十佳”课程、队列训练标兵、优秀教师、优秀学员、优秀带班干部、宣传标兵等各类评选表彰，筛选汇集了“党史学习教育好体会”“培训研讨好发言”、“培训演讲好讲稿”等学习成果，在线上营造了积极向上的良好氛围。具体课程安排见表 4-1。

表 4-1　2021 年海关新录用公务员初任培训班课程安排

教学单元	教学项目
习近平新时代中国特色社会主义思想（68 学时）	习近平新时代中国特色社会主义思想
	党的十九届五中全会精神
党史学习教育与政治能力（88 学时）	党史学习教育
	党章党规党纪
	廉政教育
	理想信念教育
	基层党建
	准军事化海关纪律部队建设
	公务员基础知识
	心理健康教育
执法能力（22 学时）	执法素养
	海关法律体系
	其他相关法律
业务能力（88 学时）	海关概述
	“十四五”海关发展规划
	新冠肺炎疫情安全防护
	海关监管
	进出口商品检验监管
	进出境动植物检验检疫监管
	国境卫生检疫监管
	进出口食品安全监管
	海关税收
	海关保税
	海关风险管理
	海关企业管理
	海关稽查
	海关统计
	海关缉私

续表

教学单元	教学项目
业务能力 （88学时）	海关科技
	知识产权海关保护
	进出口贸易相关知识
	拓展视野与特色课程
其他 （6学时）	开班与安全教育
	结业与安全教育
	考试

海关公务员初任培训二班（军转和地方调入干部）

▲2021年4月24日，军转干部初任培训班在学院开展军训

根据海关总署2021年培训计划，学院于4月12日至4月25日承办了2021年海关公务员初任培训二班（军转和地方调入干部）。培训共分为网络培训和集中培训两个阶段。4月12日至4月16日为网络培训阶段，网络培训面向军转及地方调入干部学员共计592人，网络培训总计38学时，共7次直播课程，3次录播引进课程。课程内容涉及习近平新时代中国特色社会主义思想、政治能力、业务能力、执法能力4个教学模块，邀请了系统内外多位授课教师，充分利用网络讲授课程。4月18日至4月25日，来自31个海关单位的370名军转及地方调入干部学员来到学院，进行为期一周的培训。学院准备工作细致周到，严谨扎实。在教学内容上，课程设置紧贴需求、内容翔实。在教学方式上，专题讲座与个人自学相结合，创新方法，灵活培训形式。具体课程设计见表4-2。

表 4-2　2021 年海关公务员初任培训二班（军转和地方调入干部）

教学单元	课程名称	学时	授课教师所在单位
习近平新时代中国特色社会主义思想（26 学时）	网络授课：开启全面建设社会主义现代化国家新征程——党的十九届五中全会精神总体解读	4	中共河北省委党校
	网络授课：新阶段、新理念、新格局，习近平新时代中国特色社会主义经济思想的持续发展	4	天津大学
	集中面授：习近平法治思想	4	中国海关管理干部学院
	网络授课：坚持底线思维，防范化解重大风险	4	哈尔滨工业大学（深圳）
	网络授课：深入学习贯彻党的十九届五中全会精神，着力建设更高水平开放型经济体制——“十四五”规划的理论内核与要点解读	4	天津财经大学
	网络授课：党的十八大以来的伟大成就	4	燕山大学
	自学读书：《习近平总书记在省部级主要领导干部学习贯彻党的十九届五中全会精神专题研讨班开班式上的讲话》	2	中国海关管理干部学院
政治能力（34 学时）	集中面授：准军训练与海关内务规范	8	中国海关管理干部学院
	集中面授：海关廉政警示教育	4	驻署组局
	网络授课：海关基层党的建设	4	待定
	集中面授：保密安全教育	4	海关总署办公厅
	网络授课：办公礼仪与行政沟通——如何做一名合格的海关关员	4	海关总署办公厅
	网络授课：新民主主义革命时期的历史——中国共产党的创建及其历史特点 社会主义革命建设时期的历史——抗美援朝战略决策及其深远影响	4	原空军航空大学
	网络授课：视频教学《建党伟业》	2	中国海关管理干部学院
	网络授课：改革开放新时期的历史——党的十一届三中全会与历史伟大转折	2	中共中央党校（国家行政学院）
	网络授课：观看纪录片《而立浦东》	2	中国海关管理干部学院
业务能力（12 学时）	集中面授：海关概述	8	中国海关管理干部学院
	集中面授：海关通关业务改革	4	总署综合业务司
执法能力（4 学时）	集中面授：海关法及相关法律	8	南京海关
	集中面授：进出口商品检验法	4	海关总署政策法规司
	集中面授：进出境动植物检疫法		
	集中面授：国境卫生检疫法		
	集中面授：食品安全法		
其他（4 学时）	知识测试	2	中国海关管理干部学院
	开班、结业	2	中国海关管理干部学院

艰苦边远海关业务骨干培训班

▲2021 年 12 月 16 日，学院举办新疆维吾尔自治区博湖县基层干部培训班

2021 年，学院首次承办了艰苦边远海关业务骨干培训班，培训班共有 34 名学员，分别来自拉萨海关、满洲里海关、南宁海关、呼和浩特海关等 10 个关区 32 个艰苦边远隶属海关。为办好本期培训班，学院组建工作专班，安排精干力量专题研究，精心设计培训方案，量身定制教学内容，培训过程中，由于国内新冠肺炎疫情反弹，部分教学活动无法如期开展。面对突发状况，及时调整教学内容，并利用技术手段安排被隔离学员线上同步听课；同时做好被隔离学员的心理疏导，全力保障在校学员和被隔离学员的学习、生活等各项需求；其间，班级组织了“同心抗疫话边关”主题班会、班级联欢会、羽毛球比赛等活动丰富培训生活，得到了广大学员的积极响应。具体课程设计见表 4-3。

▲2021 年 10 月 19 日，艰苦边远海关业务骨干培训班拓展训练

▲2021 年 10 月 26 日，艰苦边远海关业务骨干培训班“同心抗疫话边关”主题班会

表 4-3 2021 年海关系统艰苦边远海关业务骨干培训班课程设计

教学单元	课程名称	学时	授课教师所在单位
习近平新时代中国特色社会主义思想（24 学时）	【专题讲座】习近平法治思想	4	中国海关管理干部学院
	【专题讲座】开启全面建设社会主义现代化国家新征程：党的十九届五中全会精神总体解读	4	中共河北省委党校
	【专题讲座】加快构建以国内大循环为主体，国内国际双循环相互促进的新发展格局	4	中共河北省委党校
	【专题讲座】坚持总体国家安全观，筑牢国家安全屏障：新时代我国安全环境及战略思考	4	国防大学
	【专题讲座】学习贯彻习近平生态文明思想	4	天津滨海新区党校
	【结业测试】习近平新时代中国特色社会主义思想、党的十九届五中全会及党史知识应知应会测试	2	中国海关管理干部学院
	【自学读书】《习近平总书记谈如何坚持系统观念》等（详见教学资料目录）	2	中国海关管理干部学院
政治能力（含党史教育，42 学时）	【党史学习教育特色教学活动】	20	中国海关管理干部学院
	【专题讲座】一次走心的探索——微党课中话党课	4	广州海关
	【专题讲座】海关廉政警示教育	4	中国海关管理干部学院
	【研讨交流】“信念坚定、对党忠诚、实事求是、担当作为”——交流学习习近平在中央党校（国家行政学院）中青年干部培训班开班式上的讲话心得	4	中国海关管理干部学院
	【现场教学】重走大钊路，寻迹五峰山——弘扬大钊精神，坚定“四个自信”，传承时代精神	4	李大钊五峰山革命活动旧址
	【体验式教学】“追寻党的足迹”红色城市定向	4	中国海关管理干部学院
	【视频教学】《百年回响：上海海关庆祝中国共产党成立 100 周年原创话剧》	2	中国海关管理干部学院
业务能力（18 学时）	【专题讲座】海关“十四五”发展规划解读	4	海关总署统计分析司
	【专题讲座】坚守安全底线 保障国门安全	4	上海特派办
	【现场教学】现代化的海关检验检疫技术——参观秦皇岛海关检验检疫技术中心	4	秦皇岛海关
	【专题讲座】一线口岸疫情压力下的情绪管理方法	4	中国海关管理干部学院
	【分组讨论】“不忘初心，牢记使命，忠诚履职”——交流驻守边关、扎根边关的工作心得	2	中国海关管理干部学院
执法能力（12 学时）	【专题讲座】坚定宪法思维，提升法治思维和依法办事能力	4	海关总署政策法规司
	【专题讲座】公共卫生突发事件海关应急处置	4	秦皇岛海关
	【专题讲座】中国海关企业信用管理体系介绍	4	青岛海关

学习贯彻党的十九届五中全会精神暨党史学习教育培训班

2021 年，学院承办了总署机关处级领导干部学习贯彻党的十九届五中全会精神暨党史学习教育轮训班，培训坚持以习近平新时代中国特色社会主义思想为指导，深刻认识党的十九届五中全会的重大意义，深刻了解决胜全面建成小康社会取得的决定性成就，深刻领会党中央制订“十四五”规划和 2035 年远景目标的战略考量，深刻理解党的十九届五中全会提出的一系列新的重要思想、重要论断、重大举措，深刻领悟实现宏伟目标必须坚持党的全面领导，引导党员干部把思想和行动统一到全会精神上来，进一步增强“四个意识”、坚定“四个自信”、做到“两个维护”。年内，学院共承办总署机关及各海关委托的 13 期次，1,986 人次处级干部学习党的十九届五中全会轮训班。具体课程设计见表 4-4。

表 4-4　2021 年海关系统学习贯彻党的十九届五中全会精神暨党史学习教育培训班课程设计

教学单元	课程名称	学时	授课教师所在单位
党的十九届五中全会精神（属习近平新时代中国特色社会主义思想模块，24 学时）	开班动员仪式		中国海关管理干部学院
	【专题讲座】开启全面建设社会主义现代化国家新征程：党的十九届五中全会精神总体解读	4	中共河北省委党校
	【专题讲座】深入学习贯彻党的十九届五中全会精神，着力建设更高水平开放型经济体制：宏观经济形势政策解读	4	天津财经大学
	【专题讲座】加快构建以国内大循环为主体，国内国际双循环相互促进的新发展格局	4	中共辽宁省委党校
	【专题讲座】坚持底线思维，防范化解重大风险	4	哈尔滨工业大学（深圳）
	【专题讲座】坚持创新在我国现代化建设全局中的核心地位	4	中共河北省委党校
	【研讨交流】以党的十九届五中全会精神为指引，从本职工作出发，认真贯彻落实全国海关工作会议要求	2	中国海关管理干部学院
	【自学读书】《习近平总书记在省部级主要领导干部学习贯彻党的十九届五中全会精神专题研讨班开班式上的讲话》	2	中国海关管理干部学院
党史学习教育（属政治能力模块，16 学时）	【专题讲座】新民主主义革命时期的历史：李大钊与中国共产党的创建	2	中国李大钊研究会理事、中共昌黎县委办公室
	【专题讲座】社会主义革命和建设时期的历史：党对中国社会主义建设道路的探索	2	中共中央党校（国家行政学院）
	【视频教学】观看电影《建党伟业》	2	中国海关管理干部学院
	【专题讲座】改革开放新时期的历史：党的十一届三中全会与历史伟大转折	2	中共北京市委党校
	【视频教学】观看纪录片《而立浦东》（一、二集）	2	中国海关管理干部学院
	【专题讲座】党的十八大以来的伟大成就	4	燕山大学
	【结业测试】学习党的十九届五中全会精神和党史学习教育知识测试	2	中国海关管理干部学院

执法一线科长培训班

根据《公务员培训规定》，学院于2021年11月8—12日举办了沈阳海关一线执法科级干部网上培训班。培训旨在深入学习领会习近平新时代中国特色社会主义思想，认真贯彻落实党的十九大和十九届四中、五中全会精神，引导学员增强“四个意识”、坚定“四个自信”、做到“两个维护”，提高政治站位；落实“五关建设”要求，掌握新海关所需的岗位知识，熟悉现代领导科学与管理方法，提升解决新时代新海关实际问题的能力。具体课程设计见表4-5。

表4-5　2021年海关系统执法一线科长培训班课程设计

教学单元	课程名称	学时	授课教师所在单位
习近平新时代中国特色社会主义思想（20学时）	【专题讲座】习近平关于总体国家安全观的重要论述	4	中共中央党校（国家行政学院）
	【专题讲座】中国特色社会主义进入新时代	4	中共中央党校（国家行政学院）
	【专题讲座】学习习近平总书记在庆祝中国共产党成立100周年大会上的重要讲话精神	4	燕山大学
	【专题讲座】习近平新时代中国特色社会主义经济思想	4	天津大学
	【专题讲座】习近平法治思想	4	中国海关管理干部学院
政治能力（8学时）	【专题讲座】中国共产党的独特优势	4	中共中央党校（国家行政学院）
	【专题讲座】学好党的百年历史 弘扬优良传统作风	4	中共河北省委党校
业务能力（8学时）	【专题讲座】如何做到党建与业务工作深度融合	4	南京海关
	【专题讲座】管理创新：思维与方法	4	南开大学
执法能力（4学时）	【专题讲座】案析依法行政　防范执法风险	4	南京海关

新任职科级领导干部培训班

新任职科级领导干部培训班旨在提升科级领导干部政治素养、法治思维和领导能力，在长期的培训中，新任职科级领导干部培训班也成为学院特色培训品牌。2021年，学院针对海关新提任的科级领导干部，共承办各海关9期次，1,921人次的新任职科级干部线上培训班。具体课程设计见表4-6。

表 4-6 2021 年海关系统新任职科级领导干部培训班课程设计

教学单元	课程名称	学时	授课教师所在单位
习近平新时代中国特色社会主义思想（16 学时）	【专题讲座】学习习近平总书记在庆祝中国共产党成立 100 周年大会上的重要讲话精神	4	燕山大学
	【专题讲座】习近平新时代中国特色社会主义经济思想	4	天津大学
	【专题讲座】习近平关于总体国家安全观的重要论述	2	中共中央党校（国家行政学院）
	【专题讲座】中国特色社会主义进入新时代	2	中共中央党校（国家行政学院）
	【专题讲座】习近平法治思想	4	中国海关管理干部学院
党史学习教育政治能力（8 学时）	【专题讲座】学好党的百年历史 弘扬优良传统作风	4	中共河北省委党校
	【专题讲座】中国共产党的独特优势	2	中央党校（国家行政学院）
	【视频教学】《百年回响：上海海关庆祝中国共产党成立 100 周年原创话剧》	2	上海海关
业务能力（8 学时）	【专题讲座】管理创新：思维与方法	4	南开大学
	【经验分享】如何做到党建与业务工作深度融合	4	南京海关
执法能力（4 学时）	【专题讲座】坚定宪法自信，提升法治思维和依法办事能力	4	海关总署
其他（4 学时）	开班、结业、考试	4	中国海关管理干部学院

晋升关务督察、督办衔级人员培训班

根据《中华人民共和国海关关衔条例》和《海关关衔晋升培训办法》有关规定，2021 年学院承办了 3 期 1,109 人次拟晋升关务督察衔级人员网上培训班、3 期 645 人次拟晋升关务督办衔级人员培训班。具体课程设计见表 4-7 和表 4-8。

表 4-7　2021 年海关系统晋升关务督察、督办衔级人员培训班课程设计

教学单元	课程名称	学时	授课教师所在单位
习近平新时代中国特色社会主义思想（16 学时）	习近平法治思想	4	中国海关管理干部学院
	习近平新时代中国特色社会主义经济思想	4	天津大学
	深入学习贯彻习近平生态文明思想	4	天津滨海新区党校
	全方位提高干部“解决实际问题能力”——学习贯彻习近平总书记在 2020 年中青班开班式上的重要讲话精神	4	中共中央党校
党史学习教育政治能力（24 学时）	学习习近平总书记在庆祝中国共产党成立 100 周年大会上的重要讲话精神	4	燕山大学
	浴血奋战、百折不挠——新民主主义革命时期的历史	2	中共中央党校（国家行政学院）
	自力更生、发愤图强——社会主义革命和建设时期的历史	2	中共中央党校（国家行政学院）
	解放思想、锐意进取——改革开放新时期的历史	2	中共中央党校（国家行政学院）
	自信自强、守正创新——党的十八大以来的伟大成就	2	中共中央党校（国家行政学院）
	中国共产党的独特优势	2	中共中央党校（国家行政学院）
	海关廉政警示教育	4	天津海关
	准军事化海关纪律部队与海关内务规范标准化建设	4	大连海关
	观看内务规范示范片	2	
业务能力（12 学时）	“十四五”海关发展规划	4	海关总署统计分析司
	公共卫生突发事件海关应急处置	4	秦皇岛海关
	心理健康系列微课	4	中国科学院
执法能力（4 学时）	提升法治思维，规范海关执法	4	海关部署政策法规司
准军训练（8 学时）	准军训练与考核	8	自行组织
研讨及研讨成果汇报（8 学时）	研讨专题：学习贯彻 2021 年全国海关工作会议精神，结合工作实际，谈谈新时期海关关员的责任与担当	8	

表 4-8 2021 年海关系统拟晋升三级关务督办衔级人员网上培训班课程设计

教学单元	课程名称	学时	授课教师所在单位
习近平新时代中国特色社会主义思想（12 学时）	习近平法治思想	4	中国海关管理干部学院
	习近平新时代中国特色社会主义经济思想	4	天津大学
	深入学习贯彻习近平生态文明思想	4	天津滨海新区党校
党史学习教育政治能力（12 学时）	学习习近平总书记在庆祝中国共产党成立 100 周年大会上的重要讲话精神	4	燕山大学
	党的十八大以来的历史性成就和历史性变革（录像）	2	中共中央党校（国家行政学院）
	中国共产党的独特优势（录像）	2	中共中央党校（国家行政学院）
	海关廉政警示教育	4	天津海关
业务能力（4 学时）	“十四五”海关发展规划	4	海关总署政工办
执法能力（4 学时）	提升法治思维，规范海关执法	4	海关总署政策法规司
准军训练（4 学时）	准军训练与考核	4	自行组织
自学研讨（4 学时）	研讨专题：学习贯彻 2021 年全国海关工作会议精神，结合工作实际，谈谈新时期海关关员的责任与担当	4	中国海关管理干部学院

打击走私综合治理工作专题培训班

2021 年 9 月 24 日，全国反走私综合治理调查研究中心秦皇岛分中心（以下简称“全调中心”秦皇岛分中心）在学院揭牌，并于 9 月 24—29 日举办了首期济南市打击走私综合治理工作专题培训班。来自济南市的 76 名学员完成了 6 天的学习培训任务。教学安排见表 4-9。

表 4-9 2021 年海关系统打击走私综合治理工作专题培训班教学安排

教学活动及内容	授课教师所在单位
培训班开班仪式	中国海关管理干部学院
【现场教学】 全调中心秦皇岛分中心典型案例陈列室	中国海关管理干部学院
【专题讲座】 反走私综合治理	全国打击走私综合治理办公室
【专题讲座】 习近平法治思想	中国海关管理干部学院
【专题讲座】 打击治理濒危物种走私策略研究	“全调中心”
【专题讲座】 辐射探测实操演练	中国海关管理干部学院
《湄公河行动》主题观影	中国海关管理干部学院
【专题讲座】 走私罪的十个命题与六条规律	中国海关管理干部学院

续表

教学活动及内容	授课教师所在单位
【专题讲座】　海南自由贸易港反走私综合治理经验介绍	海南打击走私综合治理办公室
习近平总书记在庆祝中国共产党成立100周年大会上的重要讲话精神	中国海关管理干部学院
【专题讲座】　毒品走私相关知识介绍	中国海关管理干部学院
现场教学（党史教育）　甲申纪念馆	中国海关管理干部学院
《建党伟业》主题观影（党史教育）	中国海关管理干部学院
专题研讨、学习成果汇报	中国海关管理干部学院

▲2021年9月23日，济南市打击走私综合治理工作专题培训班在学院开班

【特色课程体系】2021年，学院建立了马克思主义基本理论课程、党的创新理论课程、党性教育课程、素质能力课程、海关业务课程五大模块。同时，根据培训需求，学院可以提供“菜单式”一对一培训服务，制订个性化的培训方案。

马克思主义基本理论课程

以讲清楚“马克思主义为什么行”为课程设计着力点，按照马克思主义既一脉相承又与时俱进的发展脉络，由马克思列宁主义、毛泽东思想和中国特色社会主义理论体系等教学模块构建了马克思主义基本理论的课程体系。

牢记共产党人的初心和使命——《共产党宣言》导读

为马克思主义政治经济学创新发展贡献中国智慧——《资本论》导读

坚持和运用马克思主义实践观——《关于费尔巴哈的提纲》导读

《实践论》《矛盾论》与中国共产党的哲学底蕴

党的创新理论课程

学习和贯彻习近平新时代中国特色社会主义思想是学院教学的中心内容，以学懂弄通习近平新时代中国特色社会主义思想为着力点，按照“总—分—特”的基本思路，设计总论、分论和特色课程，构建习近平新时代中国特色社会主义思想课程体系。

“不忘初心、牢记使命”——习近平新时代中国特色社会主义思想解读

新阶段、新理念、新格局：习近平新时代中国特色社会主义经济思想的持续发展

深入学习贯彻习近平法治思想

学习贯彻习近平生态文明思想，建设美丽中国

习近平关于构建人类命运共同体的重要论述

习近平关于总体国家安全观的重要论述

习近平关于加强党的政治建设的重要论述

习近平科学的思想方法和工作方法

深刻认识把握以人民为中心的发展思想

把学思践悟习近平新时代中国特色社会主义思想引向深入——学习《习近平谈治国理政》（第三卷）

习近平总书记系列讲话的思想精髓与精神品格

从《习近平的七年知青岁月》看中国共产党人的初心使命

习近平新时代中国特色社会主义思想正定探源

党性教育课程

全面总结党百年奋斗的历史成就和历史经验，是党性教育课的重要内容以激发学员奋进新征程、建功新时代的精气神为课程设计着力点，构建党性教育课程体系。构建理想信念与党性修养教学模块、党章党规党纪与法律法规教育教学模块、“四史”教育教学模块。同时，突出河北地方特色，用“从新中国走向新时代”这一党性教育主题把百年党史中的河北党史人物、重大历史事件、可歌可泣英雄人物事迹串联起来，构建党性现场教学课程体系。

浴血奋战、百折不挠——新民主主义革命时期的历史

自力更生、发奋图强——社会主义革命和建设时期的历史

解放思想、锐意进取——改革开放新时期的历史

自信自强、守正创新——党的十八大以来的历史性成就和历史性变革

学好党的百年历史弘扬优良传统作风

中国共产党西柏坡时期的历史、经验及其当代价值

《中国共产党章程》解读

《中国共产党支部工作条例（试行）》解读

坚持高标准、守住最低线、做合格党员干部

新时代党建热点问题

牢牢掌握意识形态工作领导权

坚持底线思维，防范化解重大风险

以提升组织力为重点，加强基层党组织建设

中国共产党反腐倡廉史的基本特点、历史经验与现实启示

重温《甲申三百年祭》，走好新时代赶考之路

违纪违法党员领导干部忏悔录的剖析与启示

党风廉政建设与官德修养

素质能力课程

教育引导学员牢记空谈误国、实干兴邦的道理，树立不负人民的家国情怀、追

求崇高的思想境界、增强过硬的担当本领也是干部教育的重点内容，围绕如何提升学员政治领导力、思想引领力、群众组织力、社会号召力等方面构建素质能力，开设了提升领导素质能力、当代世界、形势与政策等教学模块。

办公礼仪与行政沟通

压力管理与心理健康

领导力开发与提升

管理与创新：思维与方法

领导心理与心理领导

增强狠抓落实本领，提高组织执行力

领导干部的工作智慧与人生追求

博弈论视角下的创新思维与管理

中国传统文化智慧与人生哲学

突发事件应急处置

新形势下意识形态工作面临的挑战与对策

坚持总体国家安全观，筑牢国家安全屏障：新时代我国安全环境及战略思考台湾问题与中美关系

宏观经济形势与当前热点问题

新冠肺炎疫情背景下中美大国博弈与中国经济双循环发展格局解析

“一带一路”建设和区域经济开放、发展新格局研究

坚持创新在我国现代化建设全局中的核心地位

现代信息技术发展与信息安全形势挑战

区块链赋能实体经济与产业互联

海关业务课程

学院坚持为海关干部队伍建设服务，为海关业务改革发展服务，为广大关警员成长成才服务，努力发挥海关干部教育培训主渠道作用，海关理论研究和科技创新平台作用，海关国际培训合作窗口作用，强化学员海关业务基础知识培训，着力提升实务技能训练，开设了业务能力、执法能力等学习模块。

海关概述

“十四五”海关发展规划

海关监管

进出口商品检验监管

进出境动植物检验检疫监管

国境卫生检疫监管

进出口食品安全监管

跨境电子商务海关监管

海关税收

海关保税

海关风险管理

海关企业管理

海关统计

海关缉私

海关科技

知识产权海关保护

进出口贸易相关知识

海关与“一带一路”倡议等系列课程

现场教学与体验式教学

2021 年，学院立足河北省优质教育资源，开发了建党先驱、百年党史、正定探源、甲申史鉴等 10 类模块的现场教学

课程。

（1）建党先驱——播撒火种红色之旅

教学主题：学习了解李大钊同志用生命和实践传播马克思主义的初衷及其在中国共产主义运动和民族解放事业中做出的卓越贡献，领悟大钊精神，传承红色基因，筑牢党员干部党性观念和理想信念。

弘扬大钊精神，传承时代价值——昌黎五峰山现场教学

走近革命先驱：李大钊——李大钊革命活动旧址、李大钊纪念馆

（2）百年党史——不忘初心接续奋斗

教学主题：了解和学习抗日英雄人物的感人事迹，追忆战火年代的沧桑岁月，缅怀先烈，致敬英魂，铭记历史，传承精神。

百年山桥，不忘初心，尽善尽美——中铁山桥集团有限公司现场教学

追忆抗战岁月，传承红色基因——花厂峪抗日纪念馆现场教学

铭记光荣党史，坚定政治信仰——北戴河东二路驿站沉浸式党建教学

（3）正定探源——习近平在正定的难忘岁月

教学主题：正定是习近平新时代中国特色社会主义思想的发源地、实践地、启航地，通过带领学员前往正定进行现场教学，可以充分挖掘和利用现场资源，增强学员的情感体验，将学员的看、听、想、悟结合在一起，让学员深刻感受和体会习近平西柏坡时期的光辉实践与当代价值。

“知之深，爱之切”——习近平在正定的难忘岁月

弘扬西柏坡精神，走好新时代赶考之路——中共中央旧址、西柏坡纪念馆、西柏坡廉政馆现场教学

学习习总书记“以人民为中心”思想的深刻内涵——参观全国先进基层党组织、全国文明村塔元庄村

新中国统一战线从这里走来——“统战故里”李家庄现场教学总书记善政为民、锐意进取、求真务实、勇于担当的奋斗情怀。

（4）寻根长城——坚定文化自信

教学主题：以讲好长城故事为切入点，结合博物馆文物图片和实物情境，将蕴含在其中的长城精神进行深入浅出地讲解，帮助学员增强文化自信和民族自豪感。

讲好长城故事，弘扬民族精神——山海关长城博物馆现场教学

▲2021 年 8 月 2 日，韩松老师在长城博物馆现场教学

雄关军事——“天下第一关”爱国主

义教育基地

筑起心中的长城——角山长城现场教学

（5）甲申史鉴——走新时代赶考之路

教学主题：通过探究李自成因胜而骄、因骄而奢、因奢而腐、因腐而亡的失败史训，警示广大领导干部要居安思危，不断提高防腐拒变的能力，加强自身作风建设和廉洁自律建设，在新的“赶考”路上创造新成就，续写新辉煌，向历史、向人民交出新的更加优异的答卷，做好新时代的“赶考人”。

以史为鉴以人为镜——甲申史鉴馆、甲申石河大战旧址现场教学

鸽子窝廉洁文化教育基地现场教学

（6）城市文化——百年港城从这里走来

忆访开埠故地，抚今追昔传承历史文脉，百年港口镌写转型前程。通过介绍秦皇岛港形成、发展的历史进程，展现改革开放以来百年秦港迅猛崛起的发展态势以及取得的辉煌成就。

百年老港风雨历程，魅力港城从这里走来——秦皇岛西港花园、秦皇岛港口博物馆现场教学

探寻中国玻璃历史，打造特色文化产业——秦皇岛市玻璃博物馆现场教学

闻说秦皇海上游，至今绝岛有名留——参观北戴河秦行宫遗址博物馆

感悟葡萄酒文化探究地域特色产业发展之路——参观中粮华夏长城葡萄酒有限公司、金士酒庄

（7）社区文化——党建引领红色社区发展

教学主题：实地考察海港区在水一方社区、海港区柳条庄村（全市现代农业产业示范村）、海港区房庄村（全省美丽乡村）、北戴河村等丰富的社区群众文化生活，实地考察阿那亚“认同、参与、分享”的社区文化，体验“生活可以更美”。

党建引领红色社区发展——参观海港区特色社区

生活可以更美——参观北戴河阿那亚社区

水岸田园艺术村落——参观北戴河艺术村落

（8）乡村振兴——脱贫致富砥砺前行

教学主题：通过参观秦皇岛市具有代表性的乡村，学习当地党员干部和全体村民战天斗地、踏实苦干、向荒山要钱、向坡岭要粮、向贫穷说不的精神。引导激励党员干部在深入学习、传承发扬艰苦奋斗精神中感悟初心、勇担使命，凝心聚力、接续奋斗。

奋进新时代永远跟党走——参观秦皇岛抚宁区艰苦奋斗教育基地

牢记宗旨履职责矢志不渝强村梦——秦皇岛青龙县肖营子村

（9）海关业务——科技助力企业发展

教学主题：实地参观秦皇岛海关具有突出影响力的检测机构。秦皇岛海关煤炭检测技术中心是我国最大单地点煤炭检验

机构，我国首批国家重点检测实验室，常规检验量、检测能力、技术实力和品牌影响力都处于国内领先地位。秦皇岛海关技术中心具备中国合格评定国家认可委员会（CNAS）和国家认证认可监督管理委员会（CNCA）资质。

暖心服务助企业，合力保障为民生——参观秦皇岛海关煤炭检测技术中心

发挥科技引领作用，助力检验服务提升——秦皇岛海关技术中心

（10）拓展训练——团结协作超越自我

经过20余年的办学实践，学院引进开发了以“挑战极限、超越自我、完善人格、开拓思维、团结协作、熔炼团队”为特色的体验教育—拓展训练，运用体验式学习理念，以体能活动为引导，以心理挑战为重点，以完善人格为目的，强调从实践中学习，让团队和个人经历一系列考验，磨炼克服困难的毅力，培养健康的心理素质和积极进取的人生态度，增强团结合作的团队意识。

作为秦皇岛及周边地区开展拓展训练活动最早的专业单位，经过25年的发展，具备了开展场地、水上、野外、沙盘等教学项目体系，形成了自己独特的团队组建与破冰、团队建设、领导力、执行力、沟通协调能力、创新能力等系列课程，获得了良好的信誉和声誉，并得到了国家专门机构的充分肯定。

2021年，学院积极推进冰雪运动进校园，与秦皇岛市体育局就深化教体融合、海关国际培训和秦皇岛体育的结合、人才共享、提高学院体育设施利用率、提升冬季培训特色达成初步合作意向。

【专业化师资队伍建设】 2021年，学院坚持专兼结合以兼为主的方针，以一流的标准选聘兼职教师，聘请中共中央党校，中共天津市委党校，中共河北省委党校，南开大学，天津大学，燕山大学等多所知名党校、行政学院以及高校的20名资深专家为客座教授，同时聘请海关总署及各海关单位的领导、业务专家、兼职教师组建了具有多学科、多平台、多领域的专业化师资队伍。年内，对原有师资重新进行对接筛选，并不断拓展兼职教师渠道，优化授课师资队伍。与所有授课教师签署《课堂政治纪律承诺书》，严把政治纪律关。成立课程审核专家组，逐一审核授课内容，严把课程质量关。初任培训中认真开展线上集体备课和教师培训，明确授课要求，提高授课技能，增强培训实效。2021年共聘请兼职教师68人，其中系统内44人、系统外24人，新增来自上海市委党校、河北省委党校、中国人民解放军国防大学、上海交通大学等专家教授9人，授课效果受到学员普遍好评。

学院拥有教职员工71人，其中副高级以上24名、讲师21名，师资队伍结构合理，教学科研水平较高。围绕学科建设和干部教育培训发展的需要，加强学科梯队建设，学院大力引进和培养学科带头人和

优秀中青年骨干教师，着力打造一支规模适当、结构合理、师德高尚、业务精湛、开拓创新、富有活力的高水平师资队伍。2021年，学院选派陈成、于佳鹏、闫静静、杨小龙4位青年教师参加秦皇岛市直机关工委微党课视频录制，在全市“讲党史、颂党恩、跟党走”理论宣讲竞赛活动中获评二等奖，于佳鹏代表秦皇岛市参加河北省委讲师团系统深入学习贯彻习近平总书记“七一”重要讲话精神“讲党史、颂党恩、跟党走”理论宣讲大赛决赛，获评二等奖，并在秦皇岛市电视台录制了以《从“四个伟大成就”看百年党史》为主题的党史学习教育宣传片，学院选派晏静老师赴乡村支教，充分展示了学院青年教师风采。

（撰稿人：闫静静　杨　丽）

教学、科研成果

【概况】2021 年，学院围绕学科专业建设、教学质量评估、海关国际交流合作、产学研一体化实现路径、智库建设等学院“十四五”时期重点问题，以建设“具有海关特色，国际先进，国内一流的干部学院”为总体目标，开展教育培训思想大讨论系列论坛和专题调研，编制“十四五”事业发展规划，在全院范围内凝聚发展共识、汇聚发展合力。完善科研管理工作基础，开拓科研工作新局面。着手起草学院科研工作“十四五”规划，明确科研工作方向。拟定学院科研课题申请指南，提升学院服务海关工作能力水平。更新改版智慧校园科研管理模块，完成了 2015 年至今的科研项目历史数据上传，摸清了学院科研情况底数。完成院级课题的《科研经费管理手册》管理和经费使用规范性审核工作。2021 年，学院以第一作者共公开发表论文 58 篇，其中核心期刊论文 3 篇，工程索引（EL）收录 1 篇，出版专著 1 部，获得 1 项软件著作权，获得秦皇岛市社会科学成果奖一等奖 1 项，二等奖 1 项，三等奖 2 项。

【学科专业建设】2021 年，学院对标海关需求，结合实际，打造马克思主义理论、国家安全学、法学 3 个一级学科和干部教育学、党建、海关监管理论和技术、跨境核安全管理、海关法、海关缉私 6 个专业方向，制定《学科带头人遴选办法》，完成 3 名学科带头人、4 名专业带头人遴选及聘任工作。经专家评议及院长办公会议研究通过，聘任杜祥培同志为马克思主义理论学科带头人；陈晖同志为法学学科带头人；战俭同志为国家安全学学科带头人（指定）；李亮同志为干部教育学专业带头人；刘欣侠同志为跨境核安全管理专业带头人；路长明同志为海关缉私专业带头人；王月恒同志为海关监管理论和技术专业带头人（指定）。各学科综述及学科规划编写工作计划在 2022 年内完成。

【教材建设】2021 年，学院搭建特色教材体系，针对总署各部门、各在京直属企事业单位处级领导干部学习贯彻党的十九届五中全会暨党史学习教育专题培训班，购置教材《中国共产党简史》《论中国共产党历史》各 350 本。针对 2021 年全国海关人事处长班购置教材《党政领导干部考核工作条例》问答、《新时代党的组织路线读本》、《干部政治素质考核案例选编》各90本。针对党的十九届六中全会精神轮训班购置教材《中国共产党十九届中央委员会第六次全体会议公报》、《中共中央关于党的百年奋斗重大成就和历史经验的决议》以及辅导读本、学习辅导百问各262本。共计新进教材1,748本。初任培训期间，向总署机关及各直属海关分发教材3,128本。

【自主开发课程】2021年，学院在培训中坚持政治引领，将学习贯彻习近平新时代中国特色社会主义思想作为教育培训首要政治任务，按照“进教材、进课堂、进头脑”要求，在主体班次中安排相应课程，其他培训班次中体现思政功能，自主开发《追寻习总书记的读书之路，做忠诚干净担当的好干部》《习近平法治思想》课程2门。同时创新党性教育方式方法，开发了“重走大钊路，寻迹五峰山——弘扬大钊精神，传承时代价值”现场教学、“以史为鉴，以人为镜”甲申史鉴馆现场教学和“讲好长城故事，弘扬民族精神，厚植爱国情怀”山海关长城文化现场教学，增强了党性教育和爱国主义教育的吸引力和感染力。

【参与党的十九大以来优秀教学成果评选】2021年，学院根据《海关总署办公厅关于开展党的十九大以来海关优秀教学成果推荐评选工作的通知》要求，总署定于2021年第3季度按干部教育培训和高等教育类别开展党的十九大以来海关优秀教学成果推荐、评选工作，学院承担了干部教育培训类别的具体工作。学院精心组织领导，专门抽调人员，成立专项工作组，制定了《党的十九大以来海关干部教育培训优秀教学成果评选工作安排》，从素材整理、入围初审，到会议筹备、会务保障等各个方面做了大量具体工作。干部教育培训组共收到来自41个海关单位的128份申报成果，完成了3类申报成果的材料收集汇总，并会同教培中心制定了评审工作安排、完成评审工作要求和评审工作纪律、3类评审指标、相关评分表（含个人评分表、综合平衡表、评分汇总表）、保密承诺书（面向知悉评审信息的评审专家及相关工作人员）、疫情防控要求及应急预案的制定。

评审组共邀请来自系统内外的24位评审专家组成专家组。21位专家按照精品课程、教学研究成果和教学管理成果3个类别，现场抽签确定专家组别，每组由4位系统外专家和3位系统内专家组成，经过两天的评审，根据获奖比例要求，最终产生精品课程20个、教学研究成果和教学管理成果各6个。学院教师积极参与党的十九大以来海关优秀教学成果评选活动，学院共推荐12项成果参与此次评选，共有6项成果获奖，包括精品课程、教学研究成果和教学管理成果各2项。其中，战俭的精品课程《海关辐射探测概述》、孙其龙等的教学管理成果《以质量为核心的初任培训教学与管理体系构建与实施》2 项成果获评特等奖；刘辉等的教学研究成果《新海关执法一线科长培训研究》获评一等奖；韩松和杨小龙的精品课程《讲好长城故事 弘扬民族精神——长城精神现场教学》、李亮的教学研究成果《干部教育学学科设立之探讨》、王颖等的教学管理成果《全国海关执法一线科长培训示范班教学设计》3 项成果获评二等奖，占全国海关总获奖数的 1/5。本次评选活动也是对学院党的十九大以来精品课、教学研究成果和教学管理成果的一次综合评比和检验。具体评选结果见表 4-10。

表 4-10　2021 年海关系统获得优秀教学成果

类别	拟获奖项	成果名称	主要完成单位	主要完成人
精品课程	特等奖	海关辐射探测概述	中国海关管理干部学院	战　俭
	二等奖	讲好长城故事 弘扬民族精神——长城精神现场教学	中国海关管理干部学院	韩　松 杨小龙
优秀教学研究成果	一等奖	新海关执法一线科长培训研究	中国海关管理干部学院 人教司	刘　辉
	二等奖	干部教育学学科设立之探讨	中国海关管理干部学院	李　亮
优秀教学管理成果	特等奖	以质量为核心的初任培训教学与管理体系构建与实施	中国海关管理干部学院	孙其龙
	二等奖	全国海关执法一线科长培训示范班教学设计	中国海关管理干部学院	王　颖

【科研课题】 2021 年，学院《社会主义现代化海关干部队伍能力建设研究》《中美技贸措施机制对比研究》《基于中子活化分析的危险化学品检测技术》和《海关货物现场智能化安全筛查和查检辅助机器人设计与实现》4 项课题被总署立为署级课题；立项省级课题 5 项、市级课题 14 项、院级课题 17 项。结项课题中有 5 项获得秦皇岛市第十届社会科学成果奖。学院各级课题立项情况见表 4-11。

表 4-11　2021 年学院各级课题立项

科研平台	申报类型	项目名称	项目负责人
总署科技发展司	科研课题	中美技贸措施机制对比研究	蔺　婧
总署科技发展司	科研课题	基于中子活化分析的危险化学品检测技术	战　俭
总署科技发展司	科研课题	海关货物现场智能化安全筛查和查检辅助机器人设计与实现	刘欣侠
总署统计分析司	科研课题	社会主义现代化海关干部队伍能力建设研究	杜祥培
总署统计分析司	科研课题	粮食安全及种源问题研究	非学院课题
市社科联	科研课题	秦皇岛市自由贸易港发展对策研究	赵　斌

续表

科研平台	申报类型	项目名称	项目负责人
市社科联	科研课题	秦皇岛市实现更高水平对外开放路径研究	王　晶
市社科联	科研课题	秦皇岛高校开展国家安全学学科建设的现实意义与路径研究	侯永明
市社科联	科研课题	基于治理现代化的秦皇岛市职业教育发展研究	孙晶姝
市社科联	科研课题	秦皇岛市企业 ERP 应用现状及发展研究	龙学磊
市社科联	科研课题	后疫情时代干部队伍网络教育培训实效性研究	杨　丽
市社科联	科研课题	关于健全和完善放射性污染监测法律制度的思考	吴翔鸥
市社科联	科研课题	习近平关于干部能力建设重要论述研究	陈　成
市社科联	科研课题	干部学院教师培养机制研究	王　颖
市社科联	科研课题	充分利用秦皇岛市五峰山红色资源，加强干部教育培训研究	闫静静
市社科联	科研课题	秦皇岛长城文化资源融入干部教育培训工作研究	杨小龙
市社科联	科研课题	基于虚拟仿真技术的党性主题教室建设研究	徐　英
市社科联	科研课题	中国共产党百年党史学习教育：历程、经验、启示	于佳鹏
市科技局	科研课题	双能 X 射线安检设备的透射图像处理技术研究	许玉婷
学院	科研课题	新发展阶段视角下海关公务员初任培训课程体系建设研究	陈　成
学院	科研课题	新海关公务员应急管理能力建设研究	蔺　婧
学院	科研课题	ERP 系统下海关稽查应用探索与研究	龙学磊
学院	科研课题	以党史学习教育提升共产党员党性修养研究	于东飞
学院	科研课题	“一带一路”沿线国家和地区贸易便利化水平对我国出口的影响研究	王立新
学院	科研课题	学院基层党组织落实从严治党存在的主要问题及对策分析	王　璐
学院	科研课题	“一带一路”背景下海关监管促进贸易便利化的策略研究	孙晶姝
学院	科研课题	十八大以来党的干部教育理论研究	路长明
学院	科研课题	干部教育网络培训的现状与创新研究	杨小龙
学院	科研课题	干部学院内部刊物特色培育研究	牛　琦
学院	科研课题	我国对核安全的重要贡献研究	吴翔鸥
学院	科研课题	中国共产党干部教育的百年历程与启示	于佳鹏
学院	科研课题	海关教育培训资源库建设探析——以中国海关管理干部学院为例	王　虹
学院	科研课题	探析《礼记·学记》教育思想对干部教育的的启示	刘雅婷
学院	科研课题	海关虚拟仿真实训平台设计研究	岳克东
学院	科研课题	专利分析法构建教育创新技术选择模型的研究	田　萌
学院	科研课题	智慧校园未来建设的探索与研究	徐　英
学院资助	专著	海关干部教育培训研究与探索文集	孙其龙
学院资助	专著	海关新关员初任培训研究与实践	孙其龙

【院刊工作】2021 年，学院赴上海海关学院、中国浦东干部学院、燕山大学河北省公共政策评估研究中心学习调研，就科研管理工作、刊物工作、智库建设等进行交流学习，并邀请燕山大学智库首席专家来学院就智库建设和学科发展进行专题讲座，拓展学院教职工对智库和学科建设的视野。

年内，院刊印发 4 期，通过微信等多种形式广泛征稿，与作者建立紧密联系，实现稿件来源的稳定，动员更多力量建言献策。策划了“海关教育培训科研课题成果”和“构筑完善提升海关干部教育培训体系优秀征文”两期专刊。结合学院发展和学科建设规划，新增谋划“十四五”、习近平中国特色社会主义思想研究、海关执法研究、党史学习教育、海关史研究等栏目，突出特色，以栏目带动刊物发展。年内实现了院刊校园网在线阅读。

2021 年，学院与总署教培中心联合举办《开展构筑完善提升海关干部教育培训体系征文》活动。集中总结、交流、分享党的十九大以来海关干部教育培训优秀成果，构筑、完善、提升海关干部教育培训体系，合理优化教育培训班次、课程、教材建设，提高干部教育培训质量，更好地服务社会主义现代化海关建设，总署教培中心联合学院组织开展了“构筑完善提升海关干部教育培训体系”主题征文活动。

征文活动得到各海关单位的积极响应，共报送文章 90 篇。经组织专家初、复审，最终评出南京海关陈海鸣等《制度和技术并重，系统和重点并进——海关干部教育培训体系建设刍议》等一等奖 3 篇、江门海关粟竞《新时代下培养海关干部专业能力的理论研究——以海关教育培训工作为视域》等二等奖 6 篇、杭州海关教育处课题组《基于能力素质模型的青年干部培训体系构筑——以杭州海关青年干部系列培训为例》等三等奖 9 篇、汕头海关姚毓等《浅论新形势下如何构筑完善提升海关干部教育培训资源和保障体》等优秀奖 22 篇。具体见表 4-12。

表 4-12　2021 年学院获奖论文

序号	论文名称	作者	第一作者工作部门及职务
一等奖			
1	制度和技术并重，系统和重点并进——海关干部教育培训体系建设刍议	陈海鸣　李铭	南京海关政治部主任　党委委员
2	关于一流干部学院的体系框架研究探索	孙其龙　牛琦	中国海关管理干部学院教育培训处处长，副教授
3	新形势下海关干部教育培训效果评估体系构建初探	王惠玲　徐雪楷　童建忠	拱北海关教育处培训科科长

续表1

序号	论文名称	作者	第一作者工作部门及职务
二等奖			
4	新时代下培养海关干部专业能力的理论研究——以海关教育培训工作为视域	粟竞	江门海关教育处副处长
5	从“双能力”评估教育实践谈系统推进海关教育培训体系建设	天津海关教育处 天津东疆海关联合课题组	张杰，天津东疆海关，关长、督办
6	海关教育培训主体班次体系建设初探	林俊俊	上海海关教育处，培训科科长
7	跳出传统培训的误区 构建海关有效培训模式	曾勇	沈阳海关口岸监管处副处长
8	新形势下海关教育培训工作的几点思考	周晓军	南京海关所属苏州工业园区海关，人事政工处处长
9	海关系统网络培训体系建设优化研究	陈林宇	黄埔海关教育处三级主任科员
三等奖			
10	浅议海关干部网络教育培训模式的问题和提升途径——以海关全员培训网络学习课堂为例	吕阳	南京海关所属常州海关，人事政工科四级主办
11	基于能力素质模型的青年干部培训体系构筑——以杭州海关青年干部系列培训为例	杭州海关教育处课题组：黄涛 骆旭红　朱菁 周梦楚	杭州海关隶属绍兴海关科技科科长
12	“两全”监管下优化一线关员培训机制的研究	李庚	南京海关所属泰州海关，四级主办
13	基于“三智”背景下智慧海关培训体系建设初探	何毅　孙博	乌鲁木齐海关教育处
14	湛江海关探索实践“师傅带徒弟”新型学徒制培训法提升人才培养实效	周建勇　唐雅琴 原英娜	唐雅琴，湛江海关人教处教育培训科科长
15	关于加强新时代海关年轻干部教育培训的思考	李辉	江门海关政治部主任、党委委员
16	基层海关年轻干部培养思考及探索	朱晓彦　石艳 章成龙	广州海关所属邮局海关副关长
17	推进海关干部教育培训资源和保障体系建设	梅寒	深圳海关教育处考试科副科长
18	新时代海关资质培训时效性研究	饶威	大连海关教育处培训科科长
优秀奖			
19	浅论新形势下如何构筑完善提升海关干部教育培训资源和保障体	姚毓　张永铎	汕头海关隶属汕头港海关
20	基于国际经验的海关教育培训体系研究	程刚　董超 杨振	黄岛海关人事政工处副处长

续表2

序号	论文名称	作者	第一作者工作部门及职务
21	构筑完善教育培训体系 提升海关干部综合能力 助力浦东新区打造社会主义现代化建设引领区	张宏 盛玲 詹佳 章健楠 谭涵文	张宏，男，上海外高桥保税区海关，党委书记、关长
22	以目标为导向构筑完善提升海关干部教育培训体系的思考	青岛海关教育处课题组	青岛海关教育处处长
23	新发展阶段构筑特色海关教育培训体系的思考	孙伟东 孙俊	烟台海关人事政工处人事科科长
24	用党的百年奋斗光辉历程指导海关教育培训体系建设的若干思考	郭郁	沈阳海关所属辽阳海关二级主办联系
25	以素质培养为目标推进海关干部教育培训体系改革探究	李振兴	南京海关所属金陵海关，驻江北办事处副科长、二级主办
26	建设完善海关干部网络教育培训体系的思考	教育处课题组	广州海关教育处曾印峰副科长
27	从传播学角度探讨提高教育培训实际效果	孙艳纯	宁波海关教育处综合科科长
28	关于加强海关兼职教师队伍建设的思考	李树	福州海关教育处综合科科长
29	海关教育培训网络化新模式探索	董永	呼和浩特海关所属集宁海关
30	探索建立海关全员培训规范管理体系	姜宁	大连海关教育处教育管理科科长
31	培训班次体系建设中对海关兼职教师队伍建设路径的探索	张晓菲 解文娟 梁皓	张晓菲，天津东丽海关，关长，一级高级主办
32	系统观念指导下的海关教育培训工作刍议	程银高 葛军 王犁	王犁（合肥海关人教处一级主任科员，目前遴选至海关总署国际司任职）
33	构建系统效能的海关干部教育培训体系之我见	韩松	中国海关管理干部学院副教授
34	不断完善提升海关干部教育培训体系 进一步打造学习型海关队伍	李尧	沈阳海关所属沈抚新区海关核查科副科长
35	终身教育理念引入海关干部教育培训体系的思考	谢露青	深圳海关所属深圳湾海关
36	以高质量培训助推海关队伍高质量发展——关于提升海关干部教育培训的几点思考	邓晓菲	呼和浩特海关所属东乌海关副科长
37	海关业务培训项目的远程运营	刘学行	海关总署广东分署督查审计工作处处长
38	海关沉浸式干部教育培训生态系统构建研究	张明 吴巧琼	武汉海关所属武昌海关副关长
39	在干部教育培训中运用情境教学法开展思想政治教育班次路径初探	索爱锋	银川海关机关党委
40	运用现代信息技术手段推进关区干部教育培训	史丹	海口海关教育处二级主任科员

【承办2020年度海关系统高级职称评审工作】2021年12月8—10日，学院承办了海关总署2020年度高级职称评审工作。海关总署副署长胡伟、副署长张际文、人事教育司司长吕伟红、人事教育司副司长邓浩铭等多位领导出席，以及50位

评审专家参与此次评审工作。学院高度重视，在会议服务、后勤保障等方面做了大量工作，保证了评审工作的顺利进行。12月8日，副署长张际文在启动会上作了讲话，对本次副高职称评审工作提出了具体要求深刻阐述了职称评审工作的重要意义。12月10日，职称评审工作圆满完成，副署长胡伟在评审结束后作总结讲话，提出要全面加强各级党委对人才工作的领导，着力培养高层次科技领军人才，大力培养优秀青年人才，不断引进急需紧缺专业人才，加强人才激励关爱，充分发挥职称评审在新时期海关专业技术人才工作中的重要作用，结合工作不断积累经验、创新方法，努力形成鼓励广大专业技术人员勇于钻研、奋发向上的良好氛围，为海关事业的发展，提供强有力的人才保证和智力支持。

（撰稿人：牛 琦 杨 丽）

教育培训资源整合

【成立教育培训工作领导小组】 2021年，学院成立教育培训工作领导小组，由院长任组长，其他院领导任副组长，拟定定期召开教育培训领导小组工作会议，全面统筹学院教育培训工作，拓展教育培训资源、创新教育培训方式、督导教育培训质量提升、推进产学研一体化，确保教育培训中心工作稳步运行。

【成立网络教育培训中心】 2021年，中国海关成立网络教育培训中心，积极发挥线上培训的优势，承办7类主体班次与监管业务类班次培训共19期，培训学员7,945人次，102,876人天。涉及初任培训、晋衔培训、中青年领导干部理论研修培训（中青二班）、优秀青年干部培训、执法一线科长培训、处科级任职培训、学习贯彻党的十九届五中全会暨党史学习教育专题培训、世界海关组织（WCO）战略贸易管制执法培训、机检审图判图骨干培训、核生化监测反恐培训等多层次、多领域。学院充分发挥多年积累的干部教育培训的经验和优势，从课程设计、学员管理等方面进行创新，探索出一条规范化、高质量网络干部教育培训路径。

效率为先，建立高效组织机制。

协作配合搭建组织管理架构。网络培训管理架构的高效性和规范性至关重要。学院已固化形成两级班主任管理模式，学院骨干教师担任一级班主任，负责培训班日常管理与学员学习情况反馈，各海关单位选派二级班主任，负责督导学员按时完成各项学习任务。各级班主任通过建立工作联系微信群、直播授课钉钉群，加强联系配合。现已初步建立了从课前调试到课后数据统计反馈8个环节完整的日常线上教学管理流程，积累了线上突发事件处置的经验。探索建立线上评优考核体系。2021年初任培训期间，首次在线上培训班开展优秀组织单位、“十佳”课程、队列训练标兵、优秀教师、优秀学员、优秀带班干部、宣传标兵等各类评选表彰活动。采取随机测试、学习抽查等形式检查学员在线学习状态；筛选汇集“党史学习教育好体会”“培训研讨好发言”“培训演讲好讲稿”，累积学习成果；评选收集优秀队列标兵视频资料，树立先进典型。大力营造积极向上的线上培训氛围，形成了较为完善的评优考核体系，为未来加强各类线上培训管理打下了坚实基础。

质量为要，确保教学扎实精彩。

严格落实教学计划。按照教学计划科学制定课表，把习近平新时代中国特色社会主义思想作为重中之重、贯穿培训始终。针对线上课堂“氛围不浓，现场感不强”的难点下功夫，大胆探索，精心设计，策划线上演讲比赛、党史学习微课堂、线上直播云研讨等系列特色教学活动，让网络培训充满温度。

精心选聘优质师资。成立专家组逐一审核授课内容，与所有线上授课教师签署课堂政治纪律承诺书，严格把控课堂意识形态安全。充分利用互联网技术和各种新型数字化、多媒体工具，认真开展线上集体备课和教师培训，帮助教师提高线上授课技能，增强课程吸引力和感染力，提高学员线上的参与度和互动性。

精心为上，推进线上管理创新。

创新线上学员管理模式。利用互联网丰富的管理工具，优化学员学习程序，提升干部网络教育培训管理水平，形成了“直播授课+随机交流+随堂测试+课后考核”的科学管理办法。针对晋衔培训和初任培训的队列训练考核，坚持“改形式不降标准”，教师分组对学员的队列训练视频逐一考核打分，确保了准军事化训练质量。同时，定期开展“云班会”，及时把握学员动态，密切学员联系，营造班级集体氛围。

做好线上学习分析。收集整理学员信息、课程学习信息、教学评估信息、综合评估信息等信息资料，经过精准的大数据处理，建立学员学习档案，跟踪学员学习效果，进行培训预判，为后期干部培训定制化学习，提供数据基础，有效提高培训质量。

科技为重，提升服务保障水平。

强化科技保障。年内，学院快速改造建成了网络直播教室，配备了专业化的音视频设备，提供了高质量的网络接入服务。创新音视频采集直播设备配置方法，避免了原有模式中存在的画面不清晰、声音不稳定且易回音的问题，实现了线上稳定高清授课，有效地提升了学员的体验感和获得感。加强科技服务。针对校外教师直播平台使用不熟悉，无法发起直播课程等问题，制定使用手册，规范使用流程，细化直播应急处置方法，实现了直播的整体调度，有效管控校外教师的授课过程，有效避免了因操作问题影响教学进度。

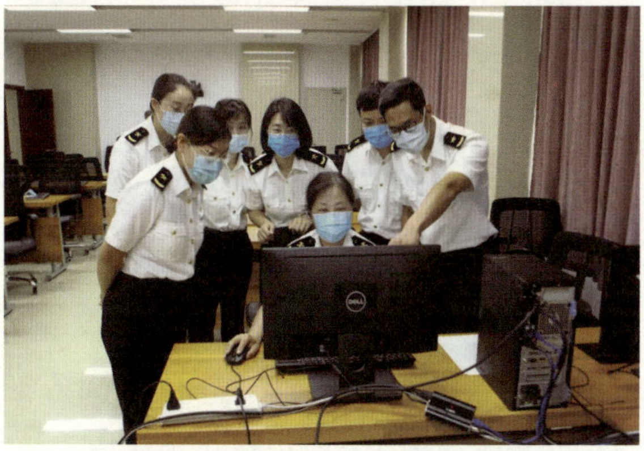

▲2021 年 7 月 25 日，网络教育培训中心在培训前调适网络

【考试测评研究中心工作】 2021 年，

学院发挥考试测评研究中心和网络教育培训中心作用，完成考试系统4个题库的建设与更新工作，更新试题192题，包括关衔班考试题库35题、十九届五中全会及党史教育集中轮训考试题库60题、初任培训随堂测试10次命题47题以及2021年习近平新时代中国特色社会主义思想及党史学习教育考试题库50题；完成总署委托的3类题库建设，共命题432道，包括《党史音视频题库》132道、《初任培训执法能力考试题库》250道、《初任培训执法能力考试组卷》50道；协助教培中心完成海关执法资格考试和党史题库建设；完成中国电子口岸数据中心、宁波海关和杭州海关3个海关单位委托的考试命题工作，包括笔试3套以及全套面试题本2套。

【学术委员会工作】2021年，学院组织召开学术委员会日常工作会议5次，评议学科专业带头人人选、课题立项、结项、课题开发、评审等工作。

3月30日，召开学术委员会2021年第一次会议，推选院长陈晖为第二届学术委员会主任委员，并提出学术委员会要按照《中国海关管理干部学院学术委员会章程》开展工作，行使学术委员会在学科建设、学术评价、学术发展和学风建设等学术事务的决策、审议、评定和咨询等职权，在学院治理体系中发挥积极作用。

5月24日，召开学术委员会2021年第二次会议，议定了以下内容：一是对2019年延期和2020年立项的院级课题开展结题评定；二是审议2021年院级课题立项申请；三是审议2021年秦皇岛市社科联课题立项申请；四是审议2021年专著出版经费资助申请；五是审议2020年科研成果奖励；六是会议通报了2021年以来学术委员会审核通过的课题申请情况；七是审议通过了《中国海关管理干部学院学术委员会议事规则（试行）》。

8月25日，召开学术委员会2021年第三次会议，议定了以下内容：一是审议通过党委书记杜祥培开发的《追寻习总书记的读书之路　做忠诚干净担当的好干部》新授课专题，并同意该课程结项。要求相关部门完善课程建设和管理等基础工作，并研究精品课程建设标准，对标标准进一步规范课程开发建设工作。二是开展2021年专业技术岗位聘任学术业绩认定，对学院14位教师（专业技术六级1人、专业技术七级1人，专业技术八级7人，专业技术九级2人，专业技术十级3人）提交的学术业绩进行认定。

11月4日，召开学术委员会2021年第四次会议，议定了以下内容：一是审议《中国海关管理干部学院学科、专业带头人遴选及管理办法（试行）》；二是审议教职工学科专业申请情况，10月26日在学院网站发布《教职工参加学科专业建设的倡议书》后，共收到38份申请书，其中19名教职工申报马克思主义理论、15名教职工申报国家安全学、4名教职工申报法学；三是审议学院承担海关总署内部课题、国际组织课题级别，同意将海关总署统计分析司署级课题、科技发展司总署科研项目、全国海关教育培育中心海关教育科研课题认定为署级（省部级）课题。同意将国际原子能机构协调研究项目视同为国家级课题；四是审议购买“中国知网”科研人事论文诚信档案管理系统服务事宜。

12月2日，召开学术委员会2021年第五次会议，议定了以下内容：一是审议《中国海关管理干部学院科研项目经费管理办法》；二是根据《中国海关管理干部学院学科、专业带头人遴选及管理办法（试行）》，学术委员会对提交申请的9名人员进行审核评议，评议推荐出3名学科带头人，4名专业带头并根据《办法》规定对结果进行公示。

【教学委员会工作】 2021年，学院成立教学委员会，第一届教学委员会由11人组成，其中，职务委员5人，选举委员6人，教学委员会制定了《教学委员会章程》，对教学工作进行决策、监督、指导，成立新一届学术委员会，评议学科专业带头人选、课题立项、结项等工作。9月28日，组织召开教学委员会2021年第一次会议，学习了《2018—2022年全国干部教育培训规划》《公务员培训规定》；听取巡视中发现的2019年9名教师课堂不当言论事件和推动习近平新时代中国特色社会主义思想“进教材、进课堂、进头脑”不到位情况的汇报；审议教学管理、学员管理等6项制度，会议原则通过《学院培训评估管理办法》《学院教学事故认定和责任追究办法》《学院外聘教师管理办法》《学院班主任管理办法》《学院学员管理办法》《学员行为规范》6项制度，报院长办公会审批。《学院培训评估管理办法》增加院领导、学科专业带头人听课评估等内容；《学院培训评估管理办法》《学院教学事故认定和责任追究办法》2项制度先试行，在试行过程中发现问题及时修订完善。同意《习近平法治思想》《海关行政管理中的应急管理与危机公关》新课程立项，同意《讲好长城故事　弘扬民族精神——长城精神现场教学》《〈海关核辐射监测工作规程〉解读》新开发课程结题奖励。

【教育培训制度建设】 2021年，学院制定了《教学事故认定和责任追究办法（试行）》和《学员行为管理规范》2项制度，并协助财务部门修改了《学院科研项目管理办法》；修订了《外聘教师管理办法》《教师授课资格认定及课程开发管理办法》《班主任管理办法》和《学员管理办法》4项制度。

为适应线上培训形势，促进网络培训工作制度化和规范化，制定了《网络培训班管理办法》《网络直播教学突发事件应急处置预案》。根据教培中心下发的考核方案和评优方案，配套出台《2021年海关初任培训日常考核方案实施办法》《队列训练考核方案实施办法》，并制订了包含10个子方案在内的《2021年海关初任培训评优方案》。

为落实学院“十四五”发展规划，深化教学改革，提高教学水平和教学质量，制定了《培训评估管理办法》《教学成果奖励办法》《教学成果奖项目培育管理办法》《教学委员会章程》，同时修订了《学术委员会章程》和《学术委员会议事规则》。

（撰稿人：杨　丽　单婷婷）

第五篇

海关总署监管技术研究中心、中国海关防辐射探测培训中心

行业标准制定

【概况】2020年11月，受总署口岸监管司委托，海关总署监管技术研究中心和中国海关防辐射探测培训中心承担辐射型货物和（或）车辆检查系统、CT型行包/货物智审系统、微剂量X射线查验设备、毫米波个人安检扫描设备4类监管查验设备的海关行业标准制定工作。根据2020年12月18日召开的海关行业标准制定工作启动会精神，确定了定期汇报制度，完成《监管查验设备海关行业标准制定工作简报》6期，召开线上视频工作会议4次，组建了标准起草小组。为了解4类监管查验设备的现场使用情况和海关行业需求，从9个直属海关选取11名监管业务骨干加入行业标准起草小组，联络、选定17位系统外技术专家加入4类设备的行业标准起草组，涉及民航、公安、高校、研究院等。查阅相关国家标准和法规规定，收集现有监管查验设备在各海关配备情况以及历次招标文件的技术指标需求，学习国家和海关的有关行业标准编写规则和规范性要求，梳理技术资料，赴中国民航公安局开展学习调研，形成行业标准初稿。2021年3月24日，邀请系统外技术专家召开专家论证会，对《辐射型货物和（或）车辆检查系统技术要求》《CT型行包/货物智审系统技术要求》《微剂量X射线查验设备》《毫米波个人安检扫描设备技术要求》4类海关行业标准初稿就合规性、适应性、前瞻性等进行论证。会后，将征求意见稿发总署各司局、直属海关及设备商征求建议，经讨论修改形成4类设备的海关行业标准送审稿及相应编制说明、征求意见汇总表。总署口岸监管司和政策法规司组织技术专家、法律及标准化专家召开审查会议，经审批，共计4类12项海关行业标准于2021年6月以海关总署公告形式对社会发布。

【行业标准技术要求】

海关辐射型货物和（或）车辆检查系统技术要求

文件规定了海关辐射型货物和（或）车辆检查系统的组成、分类、技术要求、试验方法、检验规则、标示、包装、运输和储存以及随机文件等。适用于采用γ射线或X射线能量大于500千电子伏特的海关辐射型货物和（或）车辆检查系统的选型、制造、检验、验收和使用。

海关 CT 型行包或货物智能检查设备技术要求

文件规定了海关 CT 型行包或货物智能检查设备的分类、技术要求、包装、标志、运输和贮存、随机文件等要求，描述了试验方法，确立了设备的检验规则。适用于海关 CT 型行包或货物智能检查设备的设计、制造、检验和使用。

微剂量 X 射线海关查验设备技术要求

文件适用于 X 射线发生装置能量小于 500 千电子伏特的微剂量 X 射线海关查验设备的设计、选型、制造、检验、验收和使用。

海关毫米波个人安检扫描设备技术要求

文件规定了海关系统毫米波个人安检扫描设备的技术要求、试验方法、检验规则、包装、标志、贮存和运输，以及随机技术文件等。适用于海关系统毫米波个人安检扫描设备的设计、制造、检验、选型、验收和使用。

（撰稿人：兰世泽　许玉婷　孙晶姝　赵　斌　侯永明）

《海关监管实务与研究》刊物

【概况】 2021 年，海关总署监管技术研究中心执行编辑的《海关监管实务与研究》共出版 3 期，其中第 1 期为“党史学习教育与口岸监管”专刊。全年共收到投稿 806 篇，刊载研究文章 55 篇，为持续提升监管能力、不断强化正面监管提供了有益借鉴。同时，海关总署监管技术研究中心开发了稿件数据系统。

【“党史学习教育与口岸监管”专刊】 为从党的百年伟大奋斗历程中汲取继续前进的智慧和力量，深入学习贯彻习近平新时代中国特色社会主义思想，凝练海关口岸监管业务领域实践经验，编辑部将 2021 年第 1 期定为“党史学习教育与口岸监管”专刊。文章主题包括海关口岸监管业务领域不断取得新发展、新成绩具体表现的回顾与总结；深入学习领会习近平总书记关于党史的重要论述，结合党史学习教育活动，持续推进海关口岸监管业务发展的探索与思考；海关口岸监管队伍传承红色基因、牢记初心使命、坚持正确方向，着力强化监管优化服务，巩固拓展口岸疫情防控和促进外贸稳增长成效等。

【稿件数据系统】《海关监管实务与研究》稿件数据系统定位为海关口岸监管智库知识资源平台，重点为学院教师及在校学员提供口岸监管领域前沿研究资料检索查询服务，服务于“海关监管理论与技术”“跨境核安全管理”学科专业建设。同时，编辑部也便于应用系统对稿件、作者库进行数字化管理。系统搭建于学院内网环境平台，校园网环境中所有电脑均可访问。系统分为稿件管理系统（查询阅览前台）和稿件数据系统（维护上传后台）两部分。系统前台可按照论文标题、关键词、作者、关区、时间段等提供查询服务。

（撰稿人：兰世泽）

涉外培训

【概况】随着近年来工作的深入开展，中国海关防辐射探测培训中心在国际核安保、防扩散领域的影响逐渐增强，得到了国际同行的关注，举办了多期涉外培训班。承担世界海关组织（WCO）首次在中国海关举办的战略贸易商品管制执法培训班，密切了学院与世界海关组织（WCO）的联系。派员参加中美、中俄2021年防范核材料及其他放射性物质非法贩运两个联合工作组会议，随团参会介绍相关情况，圆满承办俄罗斯边境隶属海关关长培训班。

【世界海关组织战略贸易管制执法培训】2021年10月18—22日，中国海关防辐射探测培训中心承办世界海关组织战略贸易管制执法培训班，全国海关63名学员参加线上培训。本期培训班邀请来自世界海关组织（WCO）、联合国1540委员会、中国海关、禁止化学武器组织、联合国裁军事务办公室、国际原子能机构及美国能源部的专家讲授了10门相关课程。本期培训班是世界海关组织（WCO）在中国举办的首期战略贸易管制执法培训班，旨在深化中国海关与世界海关组织的合作，提升中国海关反恐、防扩散能力。

【俄罗斯边境隶属海关关长网上培训】2021年11月29日至12月8日，中国海关防辐射探测培训中心承办2021年俄罗斯边境隶属海关关长网上培训班，来自俄罗斯乌苏里海关、哈巴罗夫斯克海关及赤塔海关的10名隶属海关关长参加为期10天的培训。培训班邀请国家口岸管理办公室、哈尔滨海关、上海海关学院、对外经济贸易大学、世界海关组织亚太情报联络中心以及学院教师授课，重点讲授中国海关概述、中国海关科技发展、中国海关风险管理实践、核及其他放射性物质海关监管实践、中国海关口岸监管装备应用和配置、中俄海关国际合作、上合组织框架下中俄海关合作、中国国际贸易“单一窗口”建设、跨文化沟通与礼仪、海关执法国际合作与联合行动、文化视域下的长城与中国等课程。结合线上培训特点，培训班安排了线上破冰及云文化参观《这里是中国》等内容。具体教学活动安排见表5-1。

表 5-1　2021 年俄罗斯边境隶属海关关长网上培训班教学活动安排表

授课内容	主讲
开班式	全国海关教育培训中心 中国海关管理干部学院
破冰	中国海关管理干部学院
中国海关概述	中国海关管理干部学院
中国海关科技发展	上海海关学院 海关与公共管理学院
中国海关风险管理实践	海关总署风险防控局
核及其他放射性物质海关监管实践	中国海关管理干部学院 海关防辐射探测培训
中国海关口岸监管装备的应用和配置	中国海关管理干部学院 海关监管技术研究处
中俄海关国际合作	哈尔滨海关
上合组织框架下中俄海关合作	哈尔滨海关
云文化参观：《这里是中国》	
云文化参观：《这里是中国》	
中国国际贸易“单一窗口”建设	国家口岸管理办公室
跨文化沟通与礼仪	对外经济贸易大学 政府管理学院
海关执法国际合作与联合行动	世界海关组织 亚太情报联络中心
文化视域下的长城与中国	中国海关管理干部学院

（撰稿人：刘欣侠　孙晶姝）

产学研一体化

【概况】学院搭建特色创新平台，推进产学研工作开展，起草产学研规划方案，制定产学研短期、中期和长期发展目标。搭建特色创新平台，成立海关监管技术设备研发检测实验室，筹备开展各类监管技术设备鉴定、校验、校准和认定工作，开展海关查验工具箱需求调查。与多家科研院所建立战略合作关系，主动开拓产学研合作渠道。2021 年，获赠检测用标准豁免源 16 枚，减省相关采购资金 20 余万元。

【成立海关监管技术设备研发检测实验室】实践基础。十余年来，学院依靠自身力量，参与多项海关监管设备应用实践工作。早在 2016 年，学院就参与完成了“海关新型门户式辐射探测设备性能检测评估”工作，为海关监管设备性能评价工作积累了初步经验。2018 年机构改革后，学院作为主要参与单位，编写了《海关核辐射监测工作规程》，联合开发了“海关物流监控子系统核辐射检测应用”，并担任总署端管理员，协助口岸监管司监控全国海关核辐射日常监测情况。2021 年，学院承担了 H986 设备、CT 设备、毫米波设备和 X 光机 4 类重点监管装备共计 12 项海关行业标准编制工作，并通过了总署组织的专家评审，以海关总署公告的形式向社会发布。

理论基础。学院深度参与海关总署与美国能源部、俄罗斯联邦海关署、哈萨克斯坦海关关于防范核材料及其他放射性物质非法贩运领域的多项合作，发挥技术支撑作用，协助总署起草了中美、中俄、中哈等双边合作协议，参加双方联合工作组年度工作会议，支持保障中俄、中哈海关开展的辐射探测跨境联合演练等工作。同时，学院积极加强与国际原子能机构的联系，参与修订其相关技术导则，承担其协调研究项目，目前是国际原子能机构（IAEA）指定的“国际核安保支持与培训中心网络成员”和“国际核安保一线官员能力建设协作中心”。在国际合作中，进一步熟悉了国内外辐射探测设备的性能指标，深刻掌握了辐射探测设备维护、维修、校验知识，为开展辐射探测设备校验和监管装备研发工作奠定了理论基础。

技术基础。学院注重技术积累，先后承担了2项国际原子能机构（IAEA）科研项目、4项署级科研课题、10余项监管司课题任务，其中包括“门户式辐射探测设备维护、维修、校准”“辐射探测机器人平台研发”“利用中子活化技术检测违禁品”等科研项目。学院在海关辐射探测领域牵头编写了海关系统第一本辐射探测培训教材《核材料及其他放射性物质海关监管》，累计为全国海关培训辐射探测岗位关员7,000余人次。学院为协助各关落实《海关核辐射监测工作规程》对“辐射探测设备应定期进行校验”的要求，参考国内辐射探测设备校准相关标准，自主研究编制了《海关门户式辐射探测设备现场校验技术规范》，已获总署批准作为海关行业技术规范立项，该技术规范全面系统的列明了开展海关门式辐射探测设备现场校验的具体技术细节。

学院前期投入大量人力物力在产学研一体化方面开展了多项基础性工作，在海关监管设备应用、海关监管设备检测评估、海关监管设备使用技能培训、海关辐射探测国际合作、海关监管装备行业标准制定、先进监管技术理论研究等方面积累了经验，锻炼了队伍，自身储备了一定的技术实力，具备推进学院产学研一体化工作，开展监管设备研发检测的基础条件。

学院具备产学研平台优势。根据总署相关要求，“海关总署监管技术研究中心北戴河新区项目”将以“研究先进监管装备技术、加速研发成果转化、完善检测评估标准、加强人才培养、促进国内外监管技术装备成果展示交流”为使命，逐步将培训中心打造成中国海关防辐射探测培训中心、海关监管技术设备研发中心、海关监管查验技能实训中心、海关监管设备国际交流合作平台，简称“三中心一平台”。学院未来具备产学研平台优势，为开展海关监管设备检测、研发、生产、展示、培训等产学研一体化工作创造有利条件。

学院与外部研究机构建立有良好合作关系。学院在开展科研工作过程中，与清华大学、东华理工大学、国家核安保技术中心、中国原子能科学研究院、中国辐射防护研究院、中国检验检疫科学研究院、公安部第三研究所、上海市计量科学研究院等建立了广泛、紧密的联系。学院可利用与外部科研机构的合作关系，优势互补、强强联合，快速开展产学研一体化工作，推进海关监管设备研发检测工作。

2021年，学院启动实验室建设工作，制订实验室改造方案。启动实验室资质申报工作，赴公安部第三研究所、上海市计量院开展实地调研，并与总署科技发展司和国家市场监督管理总局取得联系，积极推进申报相关资质等项工作。以门户式辐射探测设备校验为突破点，起草《海关门户式辐射探测设备校验技术规范（草案）》，为开展产学研工作打下坚实基础。

【与中国检验检疫科学研究院开展合作】2021年6月8日，为发挥中国检验检疫科学研究院和学院各自优势，双方签署战略合作协议，主要围绕教育培训、产学研、国际交流等领域开展系列合作。成立战略合作领导小组和联合工作组，定期召开领导小组联席会议。整合资源，开展国家安全、海关、检验检疫类学科及专业共建工作，开发海关教育新领域，服务海关人才的岗前、岗中及继续教育。利用检科院在检验检测、认证认可领域的平台，开展海关监管查验、核辐射探测等领域的计量校准、检验检测，开展海关监管技术、检验检疫技术科研攻关和学术研究，开展国际学术交流，拓展海关人才国际培养。

【开展海关查验工具箱需求调查】根据《2021年全国海关口岸监管工作要点》中关于深化监管装备智能化应用的要求，为加强新技术在海关查验领域的应用，更好地满足查验现场工作需要，海关总署监管技术研究中心自主设计调查问卷，开展查验工具箱使用需求调研，重点了解查验工具箱使用需求和升级完善意见建议，为下一步开展查验工具装备的研制工作奠定基础。2021年6月10—18日，在全国海关监管部门的支持下，共收到全国海关货运、旅检、邮递监管现场反馈调查问卷3,891份。根据调查情况，撰写了《查验工具箱使用调查及优化研究报告》。

（撰稿人：王　晶　孙晶姝　赵　斌
侯永明）

科学研究

【概况】紧密追踪海关监管业务现场需求和热点问题，积极开展科研工作，服务海关业务改革与发展的能力和水平取得新突破。2021 年，设立在学院的海关监管技术研究中心（中国海关辐射探测培训中心）申请的《基于中子活化分析的危险化学品检测技术》和《海关货物现场智能化安全筛查和查检辅助机器人设计与实现》两项课题同时被总署立为署级科研项目；牵头承担的总署口岸监管司横向课题《监管查验设备海关行业标准研究》，经海关系统内外专家评审，其研究成果以海关总署公告形式对社会发布，成为全国海关首批对外发布的监管查验装备海关行业技术标准，凸显学院服务海关的能力水平迈上新台阶；《海关监管理论与实务研究现状的文献分析》课题成果影响广泛。全年共获得总署纵向科研经费和总署口岸监管司横向科研经费。同时承担的 2 项国际原子能机构协调研究项目按进度稳步推进，1 项署级教育科研课题顺利结题。

【国际原子能机构协调研究项目《辐射探测设备的维护、维修和校准》课题研究】2021 年，学院开展国际原子能机构协调研究项目《辐射探测设备的维护、维修和校准》课题研究。国际原子能机构（IAEA）启动了新的协调研究项目（Coordinated Research Project，CRP），“辐射探测设备的维护、维修和校准”（Maintenance，Repair，and Calibration of Radiation Detection Equipment，编号 J02014），旨在通过应用维护、维修和校准的新方法来提高辐射探测设备的使用效能及降低成本。其主要目标是开发或完善用于维护、维修和校准辐射探测设备的技术文件，硬件和软件工具，相关设计、规范和培训材料等。阿尔巴尼亚、保加利亚、布基纳法索、希腊、印度、肯尼亚和泰国等国家已经加入了该项目。

该项目将处理广泛的维护、维修和校准问题。其中几项工作是检查和检测辐射探测设备的常见故障；并且为改善设备设计和规格、优化其在现场操作条件下的性能表现，进一步探索科学和工程方面的进展。其他工作是对模块化设计开展研究，以支持设备部件易于维修和更换的需求。

同时，基于设备维修、更新和升级的最佳实践，该项目还将进一步确认哪些部件可以进行替换和升级，以提高设备使用的可持续性。该项目还将包括其他一些工作，包括：调查和开发用于辐射探测设备自我诊断和健康监测的工具和技术。这些信息将用于预估设备各个部件的退化程度、功能、校准状态，以及最终剩余的使用寿命等。较为准确的健康状况信息将有助于更好地管理设备生命周期成本。项目亦包括开发和测试新的培训技术和网上分享平台，以促进知识转移和能力建设，落实和应用本项目的研究成果和解决方案，为辐射探测设备提供可持续性的维护、维修和校准服务。该项目将建立一个在线知识共享平台，打造维护专家专区，为来自成员国的设备咨询提供解决方案。该研究项目为中国海关首次参与并独立承担国际原子能机构（IAEA）协调研究项目，进一步拓宽了中国海关国际合作领域，进一步扩大了中国海关在国际上的声音和影响，拟为全球海关和相关边境执法部门提供中国方案，为维护国门安全和全球供应链安全贡献中国智慧。

【国际原子能机构协调研究项目《辐射探测促进贸易安全与安保便利化》课题研究】2021年，学院申请《国际原子能机构协调研究项目—利用核探测技术促进贸易安全和保障》课题研究。促进贸易安全和保障是每个国家的根本所需。贸易与国家经济福祉紧密相连，它通过对贸易品征收关税创造可观营收。尽管贸易便利化对经济繁荣至关重要，但它必须通过侦查、防止和阻止化学、生物和核武器及其他违禁品的非法贩运，以确保与供应链安全保障的需要相平衡。国际原子能机构的辐射警报和商品评估工具（TRACE）有助于针对“异常”的检测流程。RPM数据结合货物舱单和重量秤的数据而提供了识别“异常”的强大方法。最重要的是，这几乎不会对商业流程造成影响。当RPM与其他工具（如传统NII系统）或不常部署的系统（如中子询问）结合使用时，则可以最大限度地利用核探测技术促进贸易安全和保障。

在国际原子能机构《2018—2021年核安全计划》中，成员方强调了利用科技创新与核安全不断发展的挑战和威胁保持同步的重要性。成员方确认了科学、技术和工程学在应对这些挑战和威胁中的重要作用。因此，核安保司与成员方磋商后提出了一项关于促进贸易安全和保障的协调研究项目，即利用核探测技术探测化学、生物、放射、核爆炸和其他违禁品。本研究的重点是确定如何利用现有设备，使其作为供应链安全的附加层发挥有效作用，即将核探测技术与现有数据源结合起来，作为附加安全层，并作为非侵入性识别和（或）验证异常情况的手段。同时，促进贸易活动和增加税收。利用核探测技术促进贸易安全和保障的协调研究项目，是为应对全球威胁而开展的全面协调活动。

【《基于中子活化分析的危险化学品检测技术》课题研究】 2021年，《基于中子活化分析的危险化学品检测技术》课题被总署立为署级科研项目。危险化学品进出口监管涉及国家安全、环保，关系到经济发展和社会稳定。美国、日本、新加坡等国纷纷增强了危险化学品进出口监管工作，并制订了相关监管行动计划，进而促使本国危险化学品进出口监管制度更加完善。但是我国当前危险化学品进出口监管面临诸多困境，其中检测技术落后是一个关键的技术瓶颈。危险化学品的监管难点在于危险化学品本身在入境报关的时候由于其危险特性，都是包装严密，取样困难和容易出事故。加之取样的化学分析周期太长，取样的保存和送检过程中也可能出现变质和泄露等影响检测准确度的人为因素，这都增加了危险化学品检测难度。

该项目基于可控中子源的中子活化分析技术，使用可以控制的、安全系数高的中子源，利用中子活化后衰变到基态是放出的特征伽马射线为检测手段，可实时无损的对待检物品进行分析，大大提高海关对危险化学品的监管能力，在科学准确度、检验速度、安全度上都有革命性的提升，可为我国反恐、反走私提供新的适用的技术手段。项目研究一套基于氘-氚（D-T）中子发生器的中子活化瞬发伽马射线元素分析仪器，专门针对危险化学品建立相应的标准谱库，在不接触、不破坏被检物品（含外包装）的情况下，对被检查物品进行快速检查，一次检查时间不超过3分钟，来判定是否为危险化学品及可能的品名。特别是对液体和固体化学品更为有效，为易燃、易爆、有毒等化学物质的监管提供在线的准确技术手段。研究内容包括：小型D-T中子发生器组件，含中子管及发生器控制电路；快速伽马闪烁体探测器；危险化学品标准谱库和分析软件。

【《海关货物现场智能化安全筛查和查检辅助机器人设计与实现》课题研究】 2021年，《海关货物现场智能化安全筛查和查检辅助机器人设计与实现》课题被总署立为署级科研项目。货物检查业务是海关监管工作的重要组成部分。随着中国国际化程度的不断提高，国际进出口贸易规模日益增大，海关货物查检工作不断进行改革以适应新形势和新要求。当前，由于海关辖区范围大、外勤作业点多且分散，传统货物现场查检模式存在距离远、时间长、成本高、存在安全风险等问题，检查效率亟待提高。本研究拟运用增强现实、5G、人工智能、物联网等信息技术，开发一类海关货物现场智能化安全筛查和查检辅助机器人设备，使用可替换机械臂智能机器人等辅助海关检查工作，包括：单货和货证核对、检验检疫采样、拍照、录像、有害气体检测、辐射探测、爆炸物检测、人身安全预警、廉政风险防控、关员远程指导查验等功能，进一步提升海关监管检查工作的智能化和高效化，推进“智慧海关、智能边境、智享联通”合作建设。

本研究拟综述海关货物现场智能化安全筛查和查检辅助机器人设备的需求和背景，和国内外相关研究情况，分析和描述了海关货物现场检查工作中存在的困难和问题，并对海关监管和企业操作的需求进行了整理。其中，海关货物现场智能化安全筛查和查检辅助机器人设备系统规划，包括：传统查验设备的使用现状和不足，总体功能需求和建设意义；海关与企业双方的需求分析，包括：设计原则和功能模块的需求分析；设备系统的概要设计，包括：作业流程图和作业模块功能描述；设备系统的详细设计，包括：智能检查机器人（含机械臂末端工具快换装置）、机器人控制软件、交互软件、系统调度软件等。设备和软件的实施和过程管理，包括：需求、设计、开发和运行阶段的安排；以及设备和软件的质量控制和运维保障，包括功能测试和技术保障测试等。

【《海关监管理论与实务研究现状的文献分析》课题研究】本研究以海关监管理论与实务文献为研究对象，重点分析了2018年1月至2020年12月的研究成果现状。研究对选取的文献进行统计分析，从研究业务领域、研究热点、研究方法、投稿关区、研究作者等方面进行内容分析，梳理并厘清了海关监管理论与实务研究的特点和不足，提出了做好长期规划、探索研究重点领域、做好队伍建设和加强《海关监管实务与研究》刊物管理等方面的展望。口岸监管司司长王军在《口岸监管司关于课题结题的函》上专门批示：“同意结题。本课题研究条分缕析，有事实，有数据，提出的问题和建议有很强的针对性和建设性。请全司同志阅研，各处要结合本部门职责，认真思考如何通过加强监管理论和实务研究，提升职能管理能力和水平，同时发现和培养一线骨干人才，在全系统形成鼓励探索崇尚钻研的浓厚氛围。综合处负责，各处参与，司内择时组织专题讨论。”此项课题采取处领导牵头负责、处室同志全部参与、分工合作的方式，是处室在科研领域工作模式的一次有益尝试，为今后大型课题研究摸索了实践经验。

（撰稿人：王　晶　王月恒　兰世泽
刘欣侠　许玉婷　孙晶姝
赵　斌　侯永明）

全调中心秦皇岛分中心建设

【概况】2021年1月5日，海关总署缉私局就秦皇岛分中心建设、缉私警察实训基地建设等相关事宜签报请示海关总署党委委员、副署长、政治部主任，全国打私办主任胡伟，批示“同意”。2月7日，副署长、全国打私办主任、党委委员胡伟在2021年全国海关缉私工作会议暨打私办主任会议讲话强调“要加强前瞻性思考，以问题导向强化打私工作顶层设计。有效的打击治理工作就要早预判、早防范，做到心中有数。要进一步发挥全国反走私综合治理调查研究中心的作用，打破地域和资源限制，加快推进秦皇岛分中心和有关工作站点建设，提升反走私研究的整体能力和水平。”2月26日，《2021年全国反走私综合治理工作要点》强调要进一步发挥全国反走私综合治理调查研究中心的作用，打破地域和资源限制，加快推进秦皇岛分中心和有关工作站点建设，提升反走私研究的整体能力和水平。

5月18日，《全国打私办关于设立全国反走私综合治理调查研究中心秦皇岛分中心的函》（全打函〔2021〕4号）下发，全国反走私综合治理调查研究中心秦皇岛分中心（简称“全调中心秦皇岛分中心”）成立。9月24日，在学院举行了全调中心秦皇岛分中心揭牌仪式。海关总署缉私局副局长王和，学院党委书记杜祥培，学院院长陈晖，天津海关缉私局局长孙旭东，石家庄海关缉私局局长刘滨生，全调中心主任、南宁海关缉私局政委孙德顺，济南市打私办专职副主任杜红波，秦皇岛市常务副秘书长、打私办主任李树行等相关领导参加。

▲2021年9月24日，学院与全国反走私综合治理调查研究中心领导举行全调中心秦皇岛分中心揭牌仪式

【承办“中国反走私大讲堂”】2021年9月24—29日，在济南市打击走私综合治理工作专题培训班上，“中国反走私大

讲堂”开讲，来自总署缉私局、海南省打私办、南宁海关缉私局等相关专家为此次培训班授课，院长陈晖为培训班讲授《走私罪的十个命题与六条规律》，来自济南市的76名学员完成了6天的学习培训任务，顺利结业。结业仪式上，济南市打私办向学院、分中心赠送锦旗，感谢学院和分中心对打击走私工作的支持和对打击走私人才的培养。

【开展课题研究】开展《反走私综合治理与边境行政互助合作工作机制研究》《自由贸易港及海关特殊监管区反走私综合治理研究》课题研究。

【开展全国海关缉私警察北方实训基地建设需求论证】根据海关总署缉私局关于“针对当前缉私警察实训场地不足的现状，为进一步加强反走私力量培训，建议在学院建设缉私警察实训基地，用于加强对缉私警察业务能力培训和业务实战训练。目前，建议双方着手研究论证将缉私警察实训项目纳入海关总署监管技术研究中心整体规划的可行性”签报，全调中心秦皇岛分中心积极对接总署缉私局、天津海关缉私局等单位，完成了《全国海关缉私警察北方实训基地建设需求论证报告》。

（撰稿人：路长明）

第六篇

对外合作交流

国际合作

【概况】2021 年，学院按照总署党委指示要求，在总署国际合作司、口岸监管司的指导下，开展相关国际培训与科研合作，夯实合作基础，拓展合作领域，推动核心能力建设，扩大学院和中国海关的对外影响。加强与世界海关组织（WCO）、国际原子能机构（IAEA）等国际组织合作，推进中美、中俄、中荷等双边及多边合作。

【国际原子能机构一线官员协作中心】2021 年 10 月 12 日，学院院长陈晖在北京与国际原子能机构（IAEA）副总干事莉迪·埃夫拉尔以视频连线方式签署协议，指定中国海关辐射探测培训中心为“国际原子能机构核安保一线官员能力建设协作中心”。中国国家原子能机构主任张克俭、中国常驻维也纳联合国和其他国际组织代表、特命全权大使王群与国际原子能机构总干事格罗西见证签署。签约仪式结束后，格罗西总干事在维也纳的仪式现场授予中国海关辐射探测培训中心“国际原子能机构核安保一线官员能力建设协作中心”牌匾，并由王群大使代表我方接受牌匾。这是国际原子能机构在全球设立的第五个核安保协作中心，更是全球第一个设立在成员方海关部门的国际原子能机构协作中心。该协作中心在国际核安保一线官员能力建设、利用核探测技术促进贸易安全与便利化等方面促进国际交流与合作，加大联合研究、人才培养等力度，推动国际核安保能力的提高。

▲2021 年 10 月 12 日，院长陈晖与国际原子能机构副总干事莉迪·埃夫拉尔以视频连线方式签署协议，指定中国海关辐射探测培训中心为“国际原子能机构核安保一线官员能力建设协作中心”

【与荷兰海关合作】2021 年 3 月 26 日，学院与荷兰海关召开线上视频会议，就如何建立长效合作机制进行研究。院长陈晖、荷兰海关国际司司长杰伦、总署口岸监管司监管四处处长李刚、海关防辐射探测培训处处长战俭、荷兰史基浦机场海关关长海瑞特、中荷项目主任博尔特出席会议。院长陈晖介绍了学院基本情况和国际交流合作情况，荷兰海关国际司司长杰伦致辞表示期待双方开展各领域合作，战俭处长介绍了中国海关防辐射探测培训中心情况，荷兰史基浦机场海关关长海瑞特介绍了荷兰海关基本情况，双方对开展的各项培训工作进行了交流和沟通。

7月8日，荷兰海关驻华专员穆斯塔法·阿米尼先生一行来院交流访问。海关总署监管技术研究中心和海关防辐射探测培训中心人员陪同考察辐射探测实操培训场地、模拟大厅和实训实验室等。“两个中心”人员与阿米尼先生召开座谈会，就中荷海关年度合作计划、互派人员跟班作业、交流学习、合作开展有关监管查验技能培训、共建“海关监管查验技能实训中心”、建立长效合作机制等事项进行交流，

▲2021年7月8日，荷兰海关驻华专员穆斯塔法·阿米尼先生一行来院交流访问

并初步达成共识。院长陈晖会见了穆斯塔法·阿米尼先生，双方进一步交流了有关深入开展合作的意愿。

【参加 PICARD 年会】 2021年12月9—10日，世界海关组织（WCO）第十六次海关学术研究与发展伙伴关系会议（PICARD）通过线上和线下结合的形式在比利时布鲁塞尔召开，经总署批准，学院派员参加本次线上会议。本次会议主题为“促进海关可持续供应链的恢复、更新和反弹”，来自110多个国家（地区）的海关官员、海关教培研机构、国际组织、商界代表共计800余人参加了会议交流。世界海关组织秘书长御厨邦雄（Kunio Mikuriya）先生出席会议开幕式并致辞。通过参加本次会议，学院教师开拓了视野、增长了见识，为今后开展国际合作交流和海关学术研究工作打下了良好基础。

【“三智”合作重点项目】 2021年，申报两项“三智”合作先行先试项目和落地示范展示项目：一是为中东欧等“一带一路”沿线国家和地区提供辐射探测技术培训。为深入贯彻习近平总书记关于“一带一路”建设系列重要讲话精神，切实落实全国海关工作会议上提出的“围绕高质量共建‘一带一路’，推动更大范围、更宽领域、更深层次对外开放”“加强‘一带一路’通关协作”“大力推介‘三智’合作理念”“以‘三智’引领海关国际合作”。充分利用中国海关防辐射探测培训中心的平台优势，发挥其“区域中心”的

作用，通过专家授课、专题研讨、实操演练等方式实现“一带一路”沿线国家和地区辐射探测技术培训，分享中国海关在辐射探测工作中的实践经验，与“一带一路”沿线国家和地区交流，扩大中国海关在“一带一路”沿线国家和地区中的影响，推动辐射探测设备基础设施建设投入以及监管现代化，缩小各国海关发展差距，促进“一带一路”沿线国家和地区打击核及其他放射性物质非法贩运的能力共同提升，推动实现互联互通。此项目前期已对“一带一路”国家和地区进行了深入的调研，在调研基础上，起草了《“一带一路”沿线国家和地区辐射探测技术培训实施方案》。二是推进国际原子能机构（IAEA）协调研究项目下一步工作。赴深圳海关走访“三智”专联组轮值秘书处，参加总署“三智”合作早期收获调研交流会，报送“三智”合作工作开展情况报告等。

【参加国际会议】2021年，学院派员参加国际原子能机构（IAEA）大型公众核安保活动研讨会和亚洲地区一线官员网工作组会议等国际会议（线上），并在会议上发表题为“中国海关大型公众活动核安保经验与实践”的主题发言。派员参加中俄核材料及其他放射性物质非法贩运工作组会议。

2021年5月，学院派员参加在德国汉堡塞里乌斯法学院举行第32届欧洲海关大会（线上），并应邀作题为“中国海关贸易安全与便利化有关政策及海关监管技术创新实践”的主旨演讲。本次会议共有200余名国际各界代表参会，就海关新技术应用及未来发展、“一带一路”倡议对海关管理及国际物流影响等议题进行学术交流。

6月，打击核恐怖主义全球倡议专题技术会议在线上召开。本次会议共有来自《打击核恐怖主义全球倡议》（GICNT）伙伴国、国际原子能机构（IAEA）、联合国反恐办公室的180余名官员和专家参加，学院派员参加会议。荷兰、德国海关和核安全主管部门关员在会议中介绍了废旧金属中检出钴60污染的案例与应急处置方法。多国专家学者和有关国际组织专家结合该案例，介绍了国家核安全能力体系建设的重点、国际应急援助以及信息交换的相关内容。

8月，应国际原子能机构（IAEA）邀请，学院派员参加国际原子能机构塞伯斯多夫核安保培训与示范中心检测、响应培训与示范活动协调咨询会议，参与协调国际核安保培训和支持中心网络（NSSC Network）与国际原子能机构（IAEA）塞伯斯多夫实验室的核安保培训与示范中心项目组合作，并就脱离监管控制的核材料探测与响应的计划和发展等与各方专家进行讨论。

9月，学院应邀参加国际原子能机构核安保协作中心咨询会议（线上），并作会议发言，介绍了中国海关辐射探测培训中心职能定位、设备设施以及工作成果等，通报了协作中心下一步工作计划，获得了与会代表的广泛关注。本次会议旨在分享国际原子能机构（IAEA）核安保协作中心相关工作经验，讨论如何在合作和新的能力建设基础上，更好地为国际原子能机构（IAEA）和成员方提供支持。国际原子能机构（IAEA）核安保处与相关成员方协作中心的26名代表参加了线上交流。中国海关辐射探测培训中心首次作为国际原子能协作中心参加相关会议。

9月，国际原子能机构举办大型公众活动设备和程序实践经验网络研讨会。本次会议共有来自世界各地280余名核安保从业人员参会。本次会议旨在交流大型公众活动的核安保设备应用最佳实践、经验做法和案例分享，并重点介绍了中国在大型公众活动核安保工作重点成功经验。来自国际原子能机构（IAEA）、中国国家原子机构、中国原子能科学研究院、公安部第三研究所、国家核安保技术中心的专家就大型公众活动核安保相关内容进行了介绍。学院应邀参会，并作题为“China Customs' Nuclear Security Practice and Exploration for Major Public Events”的大会报告。向与会人员介绍了中国海关参与大型公众活动的职责分工、主要做法、核安保探测重点和从历次活动中总结的成熟经验。

11月，国际原子能机构（IAEA）亚洲地区一线官员网工作组第一次会议于线上召开。学院派员参会，并应邀就“探测技术和可持续性”作主题发言。本次会议旨在分享核安全探测的最佳实践和经验，并鼓励在该领域建立网络开展区域合作，共有来自亚洲地区的35名代表参会。会议分享了亚洲地区核安全探测倡议概要、核安全威胁与风险、核安全合作与协调、失窃案例研究等相关内容，讨论了第二次亚洲地区工作组会议行动计划并听取了会议主席报告。

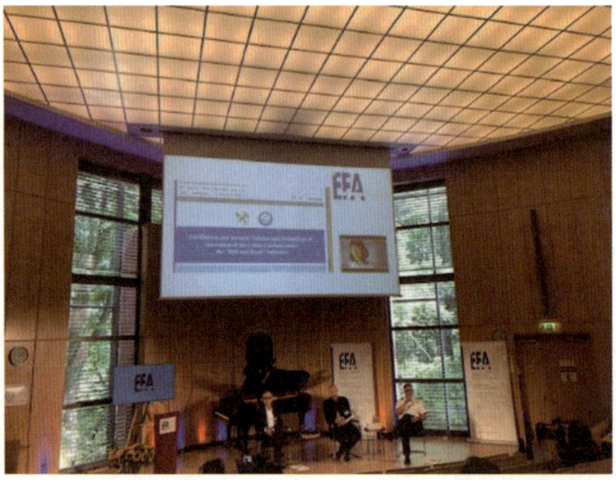

▲2021年5月17日，学院派员参加第32届欧洲海关视频大会

（撰稿人：刘欣侠　孙晶姝　侯永明）

国内合作

【概况】2021 年，学院根据“十四五”事业发展规划要求，坚持开放办学，加强与全国范围内高等院校、社会组织机构、海关相关行业的交流合作，签署合作协议和备忘录，构建发展生态圈，提升学院办学水平和影响力，建设“具有海关特色、国际先进、国内一流”干部学院。

【与全国检验检测认证职业教育集团合作】2021 年 5 月 6 日，学院加入全国检验检测认证职业教育集团，成为该集团副理事长单位，该集团以“合作办学、优势互补、资源共享、协同发展”为原则，旨在促进校企合作、促进职业教育可持续发展，加入该集团将增强学院在人才培养、智能化资源开发、专业技术培训等方面的能力。

【与中国检验检疫科学研究院合作】2021 年 6 月 8 日，学院院长陈晖和中国检验检疫科学研究院院长李新实代表双方签署合作备忘录，双方将在教育培训、师资培养、产学研转化、科学研究等领域开展深入合作。

【与燕山大学、秦皇岛海关合作】2021 年 6 月 23 日，学院院长陈晖、燕山大学校长赵丁选、秦皇岛海关关长高建伟代表三方签署合作备忘录，三方将在学术科研、学习交流、问题合作等方面开展深入合作。

【与上海欧坚网络发展集团股份有限公司合作】2021 年 6 月 25 日，学院院长陈晖和上海欧坚网络发展集团股份有限公司董事长葛基中代表双方签署合作备忘录，双方将在教育培训、产学研转化、国际交流等方面开展深入合作。

▲2021 年 6 月 25 日，学院与上海欧坚网络发展集团股份有限公司签署合作备忘录

【与苏州工业园区报关公司合作】2021 年 9 月 15 日，学院院长陈晖和苏州

工业园区报关公司总经理胡晓燕代表双方签署战略合作协议，双方将在联合党建、产学研合作、科学研究、人才培育、高峰论坛、智库建设等领域开展深入合作。

【与中共秦皇岛市委党校（李大钊干部学院）合作】2021年12月17日，学院院长陈晖和中共秦皇岛市委党校（李大钊干部学院）副校长冯宝珍代表双方签署合作备忘录，双方将发挥各自优势，互学互鉴、共建共享、共同发展，在学科建设、人才培养、队伍建设、科学研究、文化建设等方面加强合作，共同搭建交流平台。

（撰稿人：高　健）

第七篇

综合保障

政务、办公保障

【概况】2021年，学院践行“五个坚持”要求，按照全国海关办公室工作会议部署，努力提升办文、办会、办事和服务发展、服务决策、服务落实工作水平，围绕学院重点工作目标和任务，推动政务管理各项工作取得新成绩。发挥办公室作用，新闻宣传、机要档案等工作亮点频现。落实督查督办各项工作，持续提升办文、办事效率。

【办文办会】2021年，征集院长办公会议题并整理纪要13期；征集形势分析及工作督查例会议题并整理纪要11期；办理线上国际会议审批16笔；建立工作督查单57项，统筹协调、推进各项工作。严格按照公文处理规则，处理文件1,895份，审核发文400多份。

【宣传工作】2021年，发布网站通知、公告通报300余条，编辑每日动态425条、政务信息192条，发布学院新闻信息7条。制作宣传片，印制宣传册，及时更新校史展内容，增加署领导关怀、“十四五”规划、新任领导班子等专题版面。

【机要保密】2021年，召开2次保密工作会议，组织开展涉密人员、场所、设备专项检查，建立涉密人员、涉密设备、涉密场所、相关制度台账，厘清底数。深入剖析失泄密原因并全面核查整改。开展3次保密自查自纠和文件清缴，组织各部门填写保密自查自评表，完成自查自评工作。上报涉密信息系统分级保护测评表，为分保测评做好相关准备工作。

【档案管理】2021年，收集各类档案160卷，编纂中国海关管理干部学院（广州）1983—1999年17个年份的组织机构沿革、全宗介绍、大事记、立卷说明，为档案移交总署档案馆做好准备工作；加快档案数字化扫描及文书档案扫描进程，年内扫描文书档案、基建档案约8万页，档案数字化建设基本实现。全年形成327卷实体档案及约40GB电子数据的中国海关管理干部学院（广州）和海关总署秦皇岛海关学校档案。

（撰稿人：单婷婷）

科技图书应用

【概况】2021年，科技信息处坚持以习近平新时代中国特色社会主义思想为指导，认真贯彻落实全国海关工作会议精神，按照总署“十四五”科技发展规划要求，深入推进科技兴关战略实施，持续提高科技保障及引领能力，为学院信息化建设提供了有力支撑和保障。

年内，积极推进智慧校园1.0优化改造，完成了平台升级及系统安全加固，实现了培训流程闭环管理；推进“大平台+小终端+微服务”信息化模式，加快移动互联网应用建设，为广大职工提供了更加便捷、高效的科技信息服务；做好中国共产党成立100周年学院网络安全各项保障工作，以及防护评估和整改工作；积极推进国产化替代，进一步巩固业务数据安全专项行动成果，确保了学院网络及信息系统安全稳定运行；开展“我为群众办实事”活动，组织开展了“科技活动宣传周”“国家网络安全宣传周”等活动，进行技术应用交流及科普，为教职工搭建更具创新力和吸引力的新技术体验环境；主动融入海关科研创新体系，加大署级科研项目攻关力度，积极推动学院8个署级科研项目立项工作；应对新冠肺炎疫情影响，全力保障教育培训主责主业新需求，完成了各类教学及会议保障工作；根据学科发展，调整图书馆藏结构，建立图书信息资源保障体系，提升教职工获取资源信息能力。

【智慧校园1.0建设正式收官】在广泛征求意见的基础上，为解决原有智慧校园平台中存在的底层架构问题和用户操作体验问题，2021年伊始，即启动智慧校园1.0优化改造工作。截至8月底，已全面完成教务系统、培训系统、后勤系统、门户网站、协同办公、科研管理系统升级改造工作，实现课程设置、师资选聘、学员管理、房间分配、培训指南生成和学员接送站闭环管理；更换协同办公系统，完成26类流程表单移植，实现“制度+科技”双轮驱动，提升学院整体管理水平；加强门户网站后台管理功能，系统更加健壮，界面更加友好，运行更加流畅；采用国密标准进行系统安全加固，提升系统自我防护能力，并为后续系统扩展应用创造了条件。

▲2021 年 12 月 17 日，科技人员汇报智慧校园建设应用情况

2021 年 12 月，在全院教职工大会上专题作了智慧校园 1.0 建设应用情况工作汇报。回顾了学院“十三五”期间智慧校园 1.0 建设历程，总结了智慧校园 1.0 建设取得的主要成就，正式宣布学院智慧校园 1.0 建设收官，为今后学院信息化建设打下了良好基础，从而也进一步激励广大教职工继续以“统一规划、分步实施”的原则，做好智慧校园 2.0 建设，使学院在“十四五”期间信息化建设和应用水平再上新台阶。

【智慧校园移动端整合改造项目顺利完成】为推动智慧校园移动端整合改造项目顺利完成，2021 年 7 月 14 日，召开项目启动会，聘请有关专家参加，邀请各部门科技联络员针对智慧校园应用情况提出意见和需求。随后，按照大家提出的建议和需求，智慧校园移动端整合改造项目正式开启。

项目开发包括 2 个子功能，8 个栏目和 40 个功能模块。其中，“工作助手”功能，主要方便教职工远端移动办公；“培训助手”功能重点衔接全国海关易服务平台，为参训学员提供高质量的信息化服务。移动端的推广上线充分发挥了智慧校园的数据服务能力，实现了用户与平台长效沟通，最大化地提升了学院信息化应用和管理水平。

【保障线上线下教学】2021 年，学院组织开展大规模的线上培训，其中初任培训任务要求高、任务重、时间长，对科技信息保障提出了更新和更高的要求。科技信息处多次组织召开会议进行专题部署，制订工作方案和应急预案，明确内容，落实责任，及时响应初任培训线上教学新需求，积极应对需求变更及可能出现的各类故障，确保了培训工作网络安全保障零失误。

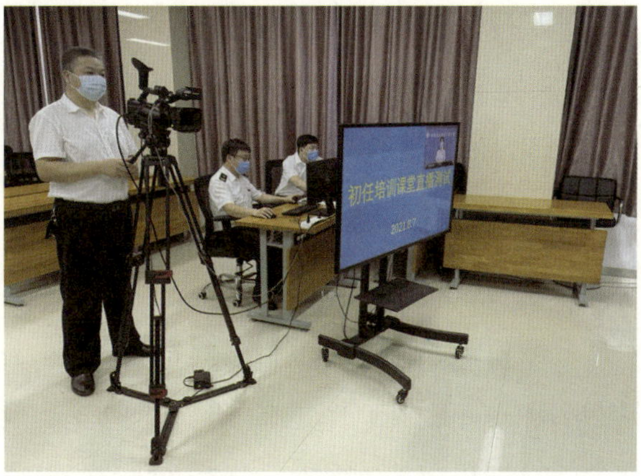

▲2021 年 8 月 7 日，学院首次采用主控端方式对初任培训线上教学直播测试

2021 年年初，在教育培训处确定直播场地后，科技信息处第一时间组织科技保障组人员进行现场勘查，了解技术环境部

署需求，利用3天时间，部署调试信息化及多媒体设备14台（套），调整网络线路19条，先后完成了电化教学设备安装、互联网接入，直播电脑安装部署以及网络线路调整等工作，保障了线上直播开班仪式、结业式和教学直播课程的顺利进行。

在线上线下教学保障期间，融合直播平台、多媒体设备及教学资源，为学员快速搭建直播环境；及时探索培训资源融合应用模式，创新学员演讲、联欢会、主题班会等线上互动形式，多措并举做好线上教学保障工作；应用录播系统与“钉钉”直播平台安全对接，实现了线上线下同步教学高质量开展。

【网络安全和信息系统安全保障任务】为切实做好网络安全保障，确保校园安全稳定，学院成立了中国共产党成立100周年网络安全工作领导小组，由分管领导亲自挂帅，统筹领导全院网络安全工作。科技信息处制订了《庆祝中国共产党成立100周年学院网络安全保障方案》，从管理、技术、保障、运维、宣传教育等方面拟定了工作要点；并于6月18日印发了《关于做好建党100周年庆祝活动阶段学院网络安全保障工作的通知》，通知涵盖了动员部署、检查整改、临战攻坚等各阶段的工作内容和实施步骤，理清了任务清单、明确了工作要求。

其中，4月份，组织参加公安部网络安全攻防实战演习，科技信息处组织“7×24”小时专人专岗值守，实时监控全院信息系统安全运行情况，及时开展分析研判、信息通报，确保学院网络及信息系统安全稳定运行；5月24日，科技信息处接受海关总署科技发展司组织的“庆祝中国共产党成立100周年海关网络安全保障”远程督导工作；7月1日，完成庆祝中国共产党成立100周年学院网络安全保障工作。

2021年，科技信息处积极推进国产化替代工作，共接收总署统配服务器3台，完成齐治堡垒机、统一身份安全管理平台（IDTrust）系统部署，根据总署安排，适时推进基础设施和应用系统的国产化适配等工作。

▲2021年6月29日，科技人员在中国共产党成立100周年庆祝活动期间巡检机房网络安全

【会议保障工作】2021年，科技信息处高质量保障网络通信畅通，全年通过海关网络联调及保障视频会议121场、线下教学保障69次，教学直播保障258次，线上外事会议保障2场、线上线下海关法论坛保障1场、保障关税司区域全面经济伙伴关系协定（RCEP）原产地管理信息化平台2.0和3.0系统120人集中测试2场，编辑课件及专题访谈片18个。

【教职工科技服务保障】 2021年5月，科技信息处面向教职工开展“我为群众办实事”科普、科技服务活动，提供虚拟仿真应用展示、虚拟现实技术（VR）体验及咨询服务，与燕山大学虚拟现实技术人员交流研讨，为学院虚拟仿真教学发展建设提供优质的解决方案。同时，设立为民服务台，现场开展咨询、维修维护服务，帮助教职工解决各类科技设备使用问题。

深入各部门开展科技应用需求调研，实现科技宣传与科技服务工作的有机结合。为巩固工作成果，进一步梳理科技服务工作，总结经验，发现不足，建立为民办实事的长效机制，将为民服务工作落到实处，科技信息处共为教职工提供技术咨询、故障处理、设备维修等服务80余次，获得广大教职工一致好评。

科技信息处将“我为群众办实事”活动进一步深化，安排技术人员为教职员工安装显示器可升降支架，为各工位提供线路安全整改服务，优化教职工信息化办公环境，强化网络安全服务意识，尽最大努力满足全院教职工科技保障需求。

以“为教学一线排忧解难”为主题，科技信息处把跟班作业活动作为落实“我为群众办实事”活动的重要载体。共组织开展科技跟班作业60余次，解决教学一线现场提出的技术难题110个，实现问题解决率、用户好评率“双100%”，在推进业务科技融合发展和提升一线科技应用水平上取得明显实效。

▲2021年5月27日，科技信息处面向教职工开展“我为群众办实事”科普、科技服务活动

6月29日，举办“我为群众办实事”——“利用中国知网 助力学术科研”讲座。为使教职工能够更加充分地利用中国知网平台，图书馆开放10余个知网漫游账号，进一步便捷知网资源访问，获取各类学术资源的支持，助力提升教职工的文献信息检索能力、业务能力和科研水平。

【图书信息资源服务】 图书馆按照“以海关特色为根本，突出学科专业建设”的原则，以用户为中心，以资源为基础，以服务为导向，建立具有海关特色的印刷型、数字化、网上信息三位一体的文献资源体系，为学院教育培训提供全方位信息资源保障。

起草《图书馆2023—2025工作规划》，明确发展方向，细化发展主要指标。支持学院学科专业建设，调整藏书结构，设立学科专业藏书专区，涵盖马克思主义理论、法学、国家安全3个学科6个专业的图书3,800余册。重点加强特色学科专业文献资源收藏，采购跨境核安全管理、海关监管理论和技术专业纸质图书100余种，电子图书80余种，增购“中国知网”数据库基础科学和工程技术Ⅱ专辑数字资源，增订《核安全》等中文专业期刊十余种。

加强数字化建设，多渠道扩大数字资源供给，共享河北省高校数字图书馆联盟和上海海关学院图书馆数字资源；免费引进试用“旧海关刊载中国近代史料数据库”，为海关研究提供翔实资料；试用万方数字、超星读秀、超星百链、超星电子书等数字资源。始终坚持以“服务第一 读者至上”为宗旨，不断提升服务水平。

在传统的外借、阅览和收视服务基础上，拓展参考咨询、文献检索、定题服务、文献复制、文献传递等多类型、多层次的服务。将图书服务延伸到教室，设置“庆祝中国共产党成立100周年”和“十九届五中全会”主题书架，服务专题培训，方便学员学习阅览。以需求为导向，在监管技术研究处和防辐射探测培训处进行需求调研，有针对性进行学科专业文献资源采购。

开展“你选书　我买单”线上选书荐购活动，增强教职工在图书馆文献资源建设中的参与度，满足教学科研和个性化阅读需求。加大移动阅读推广力度，在《培训指南》增加超星“移动图书馆”二维码和图书下载使用说明，帮助学员下载“移动图书馆”客户端，定期推送歌德移动借阅机新书目，丰富阅读形式，使移动阅读触手可及。

起草《中国海关管理干部学院图书馆工作委员会章程》，组织筹备图工委第一次会议。进行图书馆网站改版升级，提供更加高效便捷的资源导航。升级图书馆Interlib区域图书馆集群自动化管理系统，进一步提升业务工作管理的流程化、资源管理的专业化、图书管理的信息化水平。在校园文化建设中，支持工会“职工书屋”建设，协助提供综合类图书210册。

【支持海关监管技术研究中心项目网络建设】 按照“三中心一平台”功能定位，完成北戴河新区项目信息化基础环境的设计及预算编报工作，在规划、建设理念上体现前瞻性、引领性，突出信息化、大数据技术支撑，全面提升项目的科技含量，为打造先进、在国际上最具竞争力的海关监管技术研究中心提供科技保障和支持；协助两中心向河北省科技厅申请，建设以“贸易安全与便利化技术国际联合研究中心”为名义的河北省国际科技合作基地项目，推进学院开展国际科技合作。

【科研管理】 2021年，学院派员加入海关科研项目管理应用业务工作组，并参加科研项目管理业务梳理远程集中工作。同年，完成署级科研项目《海关智慧化虚拟学习空间》的研究和验收，开展署级科研项目《海关检查设备知识可视化积件系统研究》研究；理清署级科研项目申报思路，指导各部门申报2022年海关总署级科研项目；梳理具备验收条件的8个署级科研项目，按照有关规定提交验收材料；完成学院智慧校园平台申请署级科技成果的材料编写及上报工作。

（撰稿人：徐　英）

财务与资产管理

【概况】2021 年，学院财务资产工作在院领导的正确领导和总署财务司的指导下，加强政治理论学习，贯彻学院“1341”工作模式，强化工作理念，注重自身业务水平提升，始终保持团结协作，持续做好财务人员队伍建设。及时学习新发布的法律法规，建章立制，健全内部控制制度建设，合理设置财务资产工作岗位。夯实基础，注重实效，以教育培训工作为重心，做好预算编制、分配及调整工作，建立“过紧日子”长效机制，提高财政资金和学院自有资金的使用效益。做好新冠肺炎疫情防控保障工作，持续更新管理防疫物资储备库，提升疫情防控储备能力。以巡视和审计整改工作为契机，以资金管控为核心，举一反三，落实各项整改工作。规范资产管理，完成年内资产置换、处置等工作，财务管理规范化水平进一步提升。

【预算编制】以习近平新时代中国特色社会主义思想为指导，贯彻落实党的十九大和十九届二中、三中、四中、五中全会及中央经济工作会议精神，按照全国海关工作会议、全国海关全面从严治党工作会议部署要求，认真开展预算编制工作。5 月底前组织项目需求部门开展预算项目调研论证，指导项目文本和绩效目标的编制工作，审核项目总体需求方案，组织项目预算评审，择优拟定入库项目，按规定程序审定后上报总署项目备选库。“一上”阶段根据总署下达的指导数按财政部项目库规范要求完善项目文本及绩效目标，清晰反映项目内容、具体活动和支出需求，并如实编制人员和机构设置情况、住房改革支出预算、新增资产配置预算等相关内容。“二上”阶段根据总署下达的“一下”控制数，结合学院下年度资金需求，整合其他各项收入和预计年末结转资金，充分、合理预计各项收入，真实、完整反映包含财政拨款和非财政拨款在内的全口径支出预算。基本支出和项目支出预算按照全口径编制到经济分类款级科目，并做好与上年经济分类预算口径、数据的衔接。

【预算绩效管理】根据《财务司关于贯彻落实署领导批示精神进一步做好海关预算绩效管理工作的通知》，贯彻落实署领导批示精神，落实落细预算和绩效管理一体化要求，印发《中国海关管理干部学院预算绩效管理办法（试行）》，将绩效管理的理念和方法嵌入到预算管理全过程中，调整优化各项支出结构，合理统筹有限资金，全面开展项目绩效自评，严肃认真开展绩效自评，如实反映绩效目标实现结果。对绩效目标未达成或目标制定明显不合理的，作出说明并提出改进措施，形成反馈、整改、提升绩效的良性循环，提高财政资金和自有资金的使用效益。

【建立“过紧日子”长效机制】严格落实中央八项规定精神及党政机关厉行节约反对浪费条例要求，坚持开源节流与厉行节约并举，把资金花在刀刃上，按照有保有压、量力而行的原则，降低学院日常运行成本，重点做好海关总署监管技术研究中心项目资金保障。加大结转资金、当年预算等各项资金统筹力度，结合支出需求和日常支出情况，及时调减当年预算，确保财务有序运转。

【预算执行】建立高效预算执行机制，加强与资金使用处室协同配合，要求业务部门加强预算执行计划管理，均衡推进预算执行，为后续合同履约、资金支付预留充足时间。监督资金使用处室预算执行情况，在预算执行中发现的问题及时反馈并研究解决，强化预算执行管控，加强沟通配合，共同提高资金使用效益。

【核算管理】按照政府会计制度要求，科学合理设置账套，准确录入各项期初余额，精准核算各项收入支出，加强专项经费及科研课题经费管理，年内规范核算院级课题31个、署级课题12个。不断规范财务管理和会计核算行为，依法依规办理各财务事项，严把预算管理、原始票据审核和资金支付关卡，严格执行各项费用支出规定，严禁列支无预算、超标准的费用，把好支出审批和资金使用关。切实维护各项财务制度的刚性，充分发挥在预算、支出、资产、银行账户等方面的管理和监督职能，对海关总署监管技术研究中心等学院上报总署的重点项目支出，严格按照合同约定付款，杜绝违反财经纪律的事项发生。

【决算编报】2021年，学院根据《财务司关于做好2020年度部门决算的通知》（财务函〔2020〕151号）通知要求，及时启动决算编制工作，按时保质报送了2020年度部门决算，在编制决算报告时做到了数据真实、内容完整，经过多轮审核后顺利通过海关总署和财政部审核，同时对照部门预算，加强决算分析工作，总结经验，查找不足，为下一年度的预算编制提供可靠的依据。

【决算批复及公开】2021年，学院根据《海关总署关于批复2020年度部门决算的通知》（署财函〔2021〕142号）通知要求，及时有序做好决算批复接收工作。深入整理分析决算数据，在接收决算批复后的20个工作日内，按照公开要求，按时保质在学院门户网上对部门决算相关资料进行公开。

【内控建设】 持续建章立制，继续健全内部控制制度建设。按照行政事业单位内部控制自评软件的要求，仔细填报单位基础信息、内部职责分离及信息系统使用情况等，对建立及实施内部控制的情况进行全面自查自评，按时报送《2020年行政事业单位内部控制报告》。结合现有工作中发现的风险点，对现有制度进行跟踪修订。2021年，陆续修订或印发《预算绩效管理办法》《重大财务事项集体审批实施办法》《经费使用管理办法》等，使相关制度更好地服务和规范学院的发展。仔细梳理财务工作职责，将制衡机制嵌入到财务管理的全过程，按照不相容岗位相分离的原则，合理设置财务资产岗位，加强银行账户管理、资金支付管理等，进一步完善内部控制体系。

【资产管理】 2021年，在学院党委的正确领导及相关处室的支持配合下，紧紧围绕工作重点，按照学院总体工作思路和部署，狠抓落实，努力做好资产的管理和处置等各项工作。

按照《中国海关管理干部学院固定资产管理实施细则》，合理配置固定资产，优先选择内部调剂的方式，提高资产使用效率，盘活闲置资产，全年以购建、调拨的方式新增资产135项。按照制度要求，严格按照岗位职责分离原则，合法合规按照相应审批权限要求处置资产。根据总署财务司要求，全年按时上报固定资产月报、季报、年报。同时，在2021年内，根据《秦皇岛市海港区人民政府关于征收海关学院家属楼片区国有土地上房屋的决定》《秦皇岛市海港区人民政府关于征收海关学院家属楼片区国有土地上房屋的通告》，学院北家属院列入拆迁范围，学院成立北家属院拆迁工作领导小组，积极配合属地拆迁指挥部门开展学院北家属院拆迁工作，依照《秦皇岛市港区海关学院家属楼片区改造项目征收补偿安置方案》，合法合规完成学院北家属院拆迁置换工作，另有所得补偿款，已及时上缴财政。

（撰稿人：吴婷雁　郑萱萱　姜昊君）

后勤保障

【概况】后勤保障处主要负责教室、餐厅、客房、学员服务中心等场所基础设施服务保障；水、电、暖等设备维护维修；车辆管理保障；消防、绿化、安全保卫；基本建设实施等工作。

2021年，后勤保障处认真落实学院“1341”工作模式，党建、业务、纪检工作“同谋划、同部署、同推进、同考核”。践行“两个维护”，政治建设进一步加强；坚持底线思维，慎终如始做好内部新冠肺炎疫情防控；聚焦内部管理，服务保障水平进一步提高。

【新冠肺炎疫情防控】2021年，动态调整疫情防控措施，做好人员进出管控、场所环境消杀等保障工作，筑牢安全防线。加强门卫管理，坚持“测温、扫码、戴口罩”，对外来人员严格按照规定联系、登记、签字（谁签字谁负责），外省和出差返回人员必须出具48小时核酸检测报告，正常无误后经相关部门同意方可进入。对外来车辆严格管控，进入院区车辆必须进行消杀。每天对接收的快递进行消杀。门卫室内每天不少于4次消杀并拍照

▲2021年8月10日，学院后勤保障处员工每日对教室通风消毒

存档。东西院区和家属院环境卫生每天2次消毒，教室每天3次通风2次消毒，餐厅每餐后通风消毒。每天出车前后对车辆通风消毒。

▲2021年8月10日，学院后勤保障处组织合同制员工学习防护服穿脱

【后勤服务】前台接待人员时刻保持微笑，以真诚的服务、饱满的热情服务每一位来访人员。通过电话接听、面对面交流，提供周到耐心的个性化服务。

学员和宾客用餐时间，工作人员分别肃立在门两侧、电梯旁、自助餐厅前主动引导学员就餐。

课前为学员备好热水、茶叶，课间精心准备茶歇，细致、热心服务每位学员。严格按照疫情防控要求，会前会后、课前课后对会议室、教室进行全方位消杀，不留卫生死角，防患于未然。

学员报到时，认真、有序安排学员接送站工作，仔细核对每位学员信息，提前安排，及时沟通，做到接送站零失误。司机在接送老师、学员时，主动扫码、量体温，帮拿行李及沉重物品，做好服务保障工作。

▲2021年12月21日，学院餐厅员工为教职员工包水饺

2021年，完成日常设施设备维修6,225次；消防巡视巡查626次；东、西院及3号家属院巡逻1,825次；全年出车2,509次，其中学员接送站747次，内部用车1,762次，安全行驶6.4万千米；客房接待2,790人；商务中心接待会议477次；完成餐饮接待94,715人次，定期开发新的菜品、增加早餐花式和品种，不定期加工制作熟食、小菜、糕点等食品，供教职工选购，丰富教职工午餐供应形式，提供自制手工水饺；圆满完成总署职称评审和总署领导来院的后勤保障任务。

【“我为群众办实事”活动】2021年，推进“我为群众办实事”实践活动，在各办公区域增设男女更衣室，浴池增设吹风机、加装仪容镜，食堂更换竹筷、每周为教职工制作点心、熟食，饮水滤芯进行更新替换，加强对卫生间卫生的清洁，车棚扩建，并在自行车棚安装了电动车智能充电系统，为五号楼和大教室更换了分体空调，对西院墙进行了加固改造，更换了学院高空破损玻璃。进一步便利教职工工作生活，消除了安全隐患。

▲2021 年 6 月 4 日，学院餐厅员工为教职工制作熟食

【巡视审计问题积极整改】 2021 年，积极推进巡视审计问题整改。针对“公务用车管理不规范”问题，出台《公务用车加油管理办法》《公务用车使用登记及公示办法》，每月在校园网对机动车使用情况及耗油量进行公示。针对“食堂采购不规范”问题，制定《食堂采购询价办法》，每月对食堂食材采购进行 2 次市场询价，加强餐厅管理，配置专职食堂管理员，规范食品原材料采购流程、出入库登记及内部台账管理。

【项目建设】 海关总署监管技术研究中心项目是 2011 年国家主席胡锦涛在对美正式访问期间，海关总署与美国能源部在华盛顿共同签署《中华人民共和国海关总署与美利坚合众国能源部关于合作建设中国海关辐射探测培训中心的谅解备忘录》，确定双方将合作开展实训和技术研究交流，进一步加强中国海关的辐射探测能力建设；2016 年国家主席习近平出席第四届核安全峰会，宣布“中国将构建核安全能力建设网络。我们将利用国家核安保技术中心、中国海关辐射探测培训中心等现有平台，开展核安全从业人员培训、核安全技术演练和交流等活动”。为了落实两任国家领导人的指示精神，海关总署多次召开专题会议，海关总署党委书记、署长倪岳峰亲临项目现场并作出指示，建设海关总署监管技术研究中心，是落实习近平总书记重要指示批示精神的重大项目，是加强海关装备配备，提升监管能力水平的重要举措。要坚持高质量高标准，加快推进海关总署监管技术研究中心项目建设。2018 年 3 月国家发展和改革委员会批复了该项目的可行性研究报告，2020 年 5 月份国家发展和改革委员会批复了项目的投资计划，该项目总投资金额为 3.26 亿元。

海关总署监管技术研究中心项目选址位于秦皇岛市北戴河新区，分为南区和北区，项目总占地面积约 277 亩，包括项目南区 117 亩，项目北区 160 亩。项目南区位于北戴河新区中心片区，黄金海岸路南侧、文苑路西侧，总建筑面积为 1,530 平方米，主要的建筑物为辐射探测用房和模拟操作场地。项目北区位于南戴河片区，滨海新大道东侧、香海湾路南、南娱大道西侧，总建筑面积为 11,141 平方米，其中包括学员宿舍楼、食堂、教学用房以及模拟操作场地。

项目于2020年11月20日举行了开工仪式，自项目开工至2021年12月31日，时任学院党委书记杜祥培、学院院长陈晖、纪委书记蔺婧、时任副院长赵玉庆、刘辉及地方政府领导多次亲临项目现场，指导项目的建设，为项目的建设提出了宝贵的意见和建议。在此期间，项目建设领导小组组织召开七期会议，专题研究海关总署监管技术研究中心项目的建设情况，同时院领导还多次组织召开了院长办公会和党委会推进项目进展。在院领导和各部门领导的正确指导下，项目得以稳定向前推进。

项目施工现场克服大气污染管控等多种因素的影响，项目北区于2021年12月14日完成全部钢结构主体工程的施工，施工单位如期完成2021年度的施工任务。项目北区学院宿舍楼、教学用房、食堂3栋建筑物的钢结构主体工程封顶，项目南区回填了15万立方米土，完成了土方回填工程的40%。

▲2021年11月22日，学院领导与北戴河新区领导调研并现场指导海关总署监管技术研究中心项目工作

（撰稿人：王　维　张海智　郭　伟）

第八篇

人物荣誉

首次荣获“光荣在党 50 年”纪念章名单

李亚琴　佟贺勤　杨金元
刘长祥　杨虎成

2021 年度学院获评秦皇岛市直机关“两优一先”名单

一、优秀党务工作者（1 名）

孙其龙　教育培训处处长

二、先进基层党组织（1 个）

监管技术研究中心党支部

2021年度学院优秀共产党员、优秀党务工作者和先进基层党组织名单

一、优秀党员（7名）

郭　伟　办公室副主任

李　亮　人事政工处副教授

裴君博　监察室七级职员

王　颖　教育培训处讲师

侯永明　海关防辐射探测培训处讲师

田　萌　科技信息处工程师

赵燕兵　后勤保障处七级职员

二、优秀党务工作者（2名）

王立新　海关监管技术研究处处长

王　璐　人事政工处八级职员

三、先进基层党组织（1个）

财资后保党支部

2021年获评学院教师节优秀教师、优秀教育工作者名单

一、优秀教师（3名）

闫静静　教育培训处讲师
杨小龙　教育培训处教师
刘欣侠　海关防辐射探测培训处高级工程师

二、优秀教育工作者（2名）

高　健　办公室八级职员
李　亮　人事政工处副教授

三、优秀合同制职工（8名）

张凯丽　周永维　黄德埃　马艳平
吴　坤　曹　亮　赵绍义　方义明

2021年度学院获表彰奖励名单

一、个人记功（1名）

于佳鹏　教育培训处教师

二、个人嘉奖（10名）

孙其龙　办公室主任
岳克东　人事政工处处长
战　俭　海关防辐射探测培训处处长
王立新　后勤保障处处长
于东飞　人事政工处七级职员
陈　成　教育培训处教师
许玉婷　海关防辐射探测培训处助理研究员
龙学磊　科技信息处高级工程师
吴婷雁　财务资产处会计师
王治有　后勤保障处七级职员

三、集体嘉奖（4个）

办公室
人事政工处（党委办公室、离退休干部办公室）
教育培训处
海关防辐射探测培训处

四、专项工作组记功（2个）

国际原子能机构协作中心专项工作组
“十四五”规划专项工作组

五、专项工作组嘉奖（3个）

巡视整改工作专项工作组
网络教育培训专项工作组
智慧校园建设应用专项工作组

2021 年度首次授予学院荣誉章名单

一、在职教职工

一级荣誉章（7 名）

刘福芸　沈　鹏　曹江红　张重光
张晓冬　朱铁柱　杨艳光

二级荣誉章（14 名）

周学勇　杨艳华　王立新　侯铭伟
杨　静　赵玉艳　王治有　孙其龙
王　虹　杜　江　韩　松　岳克东
杨　兴　王彦超

三级荣誉章（15 名）

王宏民　王月恒　王　晶　刘欣侠
郭　伟　战　俭　王　璐　李　亮
裴君博　王　颖　闫静静　牛　琦
田　萌　徐　英　孙晶姝

二、离退休教职工

一级荣誉章（10 名）

齐建国　殷　枫　裴学群　谷儒堂
侯义祥　温　河　毕培媛　何　毅
王　羽　杨晓燕

二级荣誉章（24 名）

赵叔渤　叶　颖　马德春　郭福英
钟　钇　吴英军　徐晓玲　王向东
常　青　李其中　吴长河　刘永奎
金　书　戴惠民　徐宏月　杨虎成
杨宝忠　王英博　李福荣　刘长祥
刘素琴　金安强　刘　巍　王　敏

三级荣誉章（27 名）

袁文义　杨金元　张云富　刘静华
周殿军　佟贺勤　李效木　唐桂云
李茹芳　戴玉环　王晓峰　詹桂荣
孙吉庆　滕玉芬　杨成明　李保田
沈榴福　孔繁静　李淑馨　徐金林
薛玉林　朱玉荣　贾　丽　张秋英
李亚琴　何雨琴　郎淑清

第九篇

大事记

2021 年中国海关管理干部学院大事记

1 月

▲6 日　学院党委元旦春节期间慰问全体退休人员。

▲19 日　学院参加了秦皇岛市直工委在市税务局组织的 2020 年度市直机关党的建设工作考核，考核设党建工作资料互评和党建考核述职评议，秦皇岛市直工委副书记张守会及相关领导出席会议。

▲24 日　学院党委召开 2020 年度民主生活会。总署第三督导组通过电视电话会议的方式对学院党委民主生活会开展指导。

▲25 日　2021 年全国海关拟晋升关务督察衔级人员网络培训班开班，共有 26 个海关的 592 名学员将参加为期 9 天的培训。

▲26 日　学院北家属院拆迁工作领导小组召开工作会议。

▲27 日　海关总署通过视频连线的方式，组织学院党委书记、院长任职仪式。总署副署长、政治部主任、党委委员胡伟，政治部副主任、人事教育司司长吕伟红，人事教育司副司长王晓红在总署会场出席会议，学院院领导以及各部门主要负责人在学院会场参加。

▲28 日　学院党委召开专题会议，迅速传达贯彻落实 2021 年全国海关工作会议、全国海关全面从严治党工作会议精神。会议学习传达了海关总署署长、党委书记倪岳峰在 2021 年全国海关工作会议和 2021 年全国海关全面从严治党工作会议上的讲话精神以及驻署纪检监察组组长、党委委员陶治国在 2021 年全国海关全面从严治党工作会议上的讲话精神。

2 月

▲1 日　院长陈晖主持召开学院“十四五”发展规划编制专项工作组会议。

▲2 日　2021 年全国海关拟晋升关务督察衔级人员网络培训班结业。

▲3 日　党委书记杜祥培主持召开 2020 年度部门处以上党员领导干部民主生活会工作推进会，各部门负责人参加

会议。

3月

▲12日　学院召开2021年度工作会议。院长陈晖传达了2021年全国海关工作会议精神，纪委书记蔺婧传达了2021年全国海关全面从严治党工作会议精神，副院长刘辉传达了2021年全国海关政治部主任会议精神。

▲17日　2021年总署机关处级干部学习贯彻党的十九届五中全会精神暨党史学习教育专题培训班开班，首期培训班共有总署机关85名处级干部将参加为期5天的系统培训。

▲19日　学院召开2021年廉政警示教育研讨会。会议由纪委书记蔺婧主持，全体党员干部参加会议。

▲20日　学院首期总署机关处级干部学习贯彻党的十九届五中全会精神暨党史学习教育专题培训班圆满结业。

▲23日　总署机关处级干部学习贯彻党的十九届五中全会精神暨党史学习教育专题培训班（第二期）开班，共有总署机关110名处级干部将参加为期5天的系统培训。

▲24日　学院组织召开退休人员座谈会，邀请退休人员代表就学院下一步工作进行交流。

▲25日　秦皇岛市直机关工委副书记韩立彬等一行3人，来学院检查党史学习教育开展情况。检查组重点围绕学习教育的研究部署、领导机构和工作机构的设立、方案的制订、本级学习教育的开展、中心组集中学习研讨、宣传展板布设等6个方面内容进行了检查，对学院党史学习教育的开展给予了肯定。

▲26日　学院与荷兰海关召开线上视频会议，双方就如何建立长效合作机制展开了深入的探讨和研究。学院院长陈晖、荷兰海关国际司司长杰伦、总署口岸监管司监管四处处长李刚、海关防辐射探测培训处处长战俭、荷兰史基浦机场海关关长海瑞特、中荷项目主任博尔特出席会议，学院和荷兰海关相关工作人员代表参加会议。

学院召开全面从严治党工作会议。党委书记杜祥培总结了2020年学院党委落实全面从严治党主体责任情况，分析当前存在问题，部署2021年全面从严治党工作任务。会议由院长陈晖主持，全体教职工参加会议。

学院首期总署机关处级干部学习贯彻党的十九届五中全会精神暨党史学习教育专题培训班（第二期）结业。

▲29日　2021年拟晋升三级关务督办衔级人员网上培训班开班，来自济南海关、深圳海关、黄埔海关、江门海关、昆明海关、兰州海关6个海关单位的287名学员将参加为期5天的网络学习培训。

▲30日　学院召开第二届学术委员会委员补选会议，现任学术委员会委员、副高级及以上职称或者博士学位的在编人员

共19人参加会议。经投票选举，院长陈晖全票当选学术委员会委员。补选会议结束后，即召开第二届学术委员会2021年第一次全体会议，会议推选院长陈晖为学术委员会主任委员。

总署机关处级干部学习贯彻党的十九届五中全会精神暨党史学习教育专题培训班（第三期）开班，共有总署机关109名处级干部将参加为期5天的系统培训。

北京海关处级干部学习贯彻党的十九届五中全会精神暨党史学习教育专题培训班（第一期）开班，共有北京海关的74名处级干部将参加为期5天的系统培训。

学院组织召开了全国反走私综合治理调查研究中心秦皇岛分中心专题会议。

4月

▲6日　学院召开党的建设领导小组办公室工作会议，研究部署下一步党建工作重点，并提出相关要求。党委书记杜祥培，院长、党委副书记陈晖出席会议。

▲8日　全国检验检测认证职业教育集团副理事长杨廷一行2人来院交流调研。

▲9日　学院工会组织召开2021年度工会工作部署会议，学院工会主席刘辉出席会议，工会委员、工会各小组组长参加会议。

▲12日　2021年海关公务员初任培训二班（军转和地方调入干部）网络培训班开班，来自42个海关单位的593名学员将参加为期5天的网络学习培训。

▲13日　总署机关处级干部学习贯彻党的十九届五中全会精神暨党史学习教育专题培训班（第四期）开班，共有总署机关137名处级干部参加为期5天的系统培训。

北京海关处级干部学习贯彻党的十九届五中全会精神暨党史学习教育专题培训班（第二期）开班，共有北京海关的106名处级干部将参加为期5天的系统培训。

▲15日　学院召开教育培训思想大讨论工作动员大会。院长陈晖从深刻认识开展“大讨论”的重要意义、把握好“大讨论”的重点和方法、力求“大讨论”取得实效3个方面对教育培训思想大讨论工作进行详细部署和动员。副院长刘辉主持会议，巡视组代表、全体教职工参加会议。

▲16日　总署机关处级干部学习贯彻党的十九届五中全会精神暨党史学习教育专题培训班（第四期）圆满结业。

▲19日　2021年海关公务员初任培训二班（军转及地方调入干部）集中调训开班，共有370名学员参加为期7天的线下集中培训。

▲21日　秦皇岛市总工会副主席陈勇珲、组织部部长陈静，秦皇岛市直机关工会主席金松林、副主席李秀丽等一行到学院就工会工作进行调研指导。

▲23日　学院纪委组织开展廉政警示教育讲座，中央纪委驻海关总署纪检监察组副组长吴戈受邀讲课。

总署机关处级干部学习贯彻党的十九

届五中全会精神暨党史学习教育专题培训班（第五期）圆满结业。

北京海关处级干部学习贯彻党的十九届五中全会精神暨党史学习教育专题培训班（第三期）圆满结业。

学院派员参加海关总署口岸监管司监管查验设备海关行业标准审查会。学院受委托组织编写的四类监管查验设备海关行业标准，即《海关辐射型货物和车辆检查系统技术要求》《海关CT型行包货物智能检查设备技术要求》《微剂量X射线海关查验设备技术要求》和《海关毫米波个人安检扫描设备技术要求》正式提交审查会并顺利通过专家评审。

▲24日 2021年海关公务员初任培训二班（军转和地方调入干部）顺利结业。

▲26日 济南海关处级领导干部学习贯彻党的十九届五中全会精神暨党史学习教育专题培训班（第一期）开班，共有济南海关的51名处级干部将参加为期5天的系统培训。

学院杜祥培同志主持召开学院2021年度第一期党风廉政建设工作例会。学院党委领导班子及中层领导干部参加会议。

▲29日 济南海关处级领导干部学习贯彻党的十九届五中全会精神暨党史学习教育专题培训班（第一期）圆满结业。

学院组织全体教职工参加党的十九届五中全会精神和党史学习教育知识测试。

5月

▲6日 全国检验检测认证职业教育集团公布了4月份新加入理事会员单位名单，学院成为职教集团副理事长单位。

▲7日 驻署纪检监察组组长陶治国来学院调研，听取学院全面从严治党工作汇报，考察学院校史展览馆、海关总署监管技术研究中心和有关教学设施，并对学院提出相关工作要求。

秦皇岛市第十届社会科学成果奖获奖成果名单公布，学院共有4项成果获奖，其中著作类一等奖1项，论文类二等奖1项，三等奖2项。

▲8日 院长陈晖在上海出席第二届核应急管理国际论坛。

▲10日 2021年第一期拟晋升三级关务督察衔级人员培训班开班。来自总署机关，以及北京海关、青岛海关、长春海关、沈阳海关、武汉海关、拉萨海关、贵阳海关的138名学员将在学院将参加为期5天的培训。

2021年拟晋升关务督办衔级人员培训班开班，来自11个海关单位的130名学员将参加为期5天的系统培训。

学院组织召开专题会议，学习传达贯彻落实驻署纪检组组长陶治国来院调研讲话精神。

▲11日 沈阳海关处级领导干部学习贯彻党的十九届五中全会精神暨党史学习教育专题培训班（第一期）开班，共有沈

阳海关的50名处级干部将参加为期5天的系统培训。

▲12日　学院组织召开2020年度选人用人评议结果通报会。

▲20日　院长陈晖带队赴秦皇岛海关煤炭检测技术中心调研。

学院党委领导班子赴图书馆二楼调研指导全国反走私综合治理调查研究中心秦皇岛分中心建设情况。要求分中心进一步对接全国打私办、总署缉私局、全国反走私综合治理调查研究中心等单位，就疫情缓解后的挂牌、培训、科研、宣传等工作进一步抓好落实。

▲25—27日　学院海关防辐射探测培训处派员随海关总署代表团参加禁止化学武器组织线上海关培训班，并顺利通过考核被授予结业证书。来自禁化武组织缔约国海关的55名学员参加了为期3天的学习和交流

▲26日　秦皇岛海关关长高建伟一行到学院调研。

▲27日　院长陈晖率队赴中国纪检监察学院北戴河校区调研。

学院团总支（青联）获评2020年度秦皇岛市“五四红旗团委”荣誉称号。

▲28日　学院召开保密宣传教育大会。

6月

▲1日　学院监察室组织各支部纪检委员及纪检联络员参观甲申史鉴馆，开展保持党的先进性和纯洁性现场教学。活动由纪委书记蔺婧带队，副院长刘辉参加活动。

▲2日　学院召开党委理论学习中心组（扩大）学习会议，专题学习习近平法治思想。

▲3日　学院学会召开第二届会员大会，院领导和全体教职工参加了会议。会议听取了学会工作报告，产生了新一届学会理事会，新任会长陈晖同志结合学院“十四五”时期发展规划编制，就做好学会工作提出相关要求。

▲4日　学院党委组织召开基层支部总结汇报会暨支部工作培训。党委班子成员、各党支部班子成员及党的建设领导小组办公室成员参加会议。党委书记杜祥培同志出席会议并讲话。

▲7日　学院召开“十四五”规划征求意见工作部署会。副院长刘辉主持会议，全体教职工参加会议。

▲7—16日　院长陈晖带队分批次、分部门组织召开了“十四五”规划（讨论稿）征求意见会，各部门分管院领导陪同参加，“十四五”规划编制工作组成员全程参加各部门讨论。

▲8日　学院与中国检验检疫科学研究院签署战略合作协议。

▲15日　学院离退休党支部召开党支部换届选举大会，离退休党支部19名党员参加。钟钇、徐宏月、裴学群3位同志当选为新一届党支部委员。

▲16 日　学院党委书记杜祥培同志以《追寻习总书记的读书之路，做忠诚干净担当的好干部》为题讲党课。会议由院长陈晖主持，学院全体党员、入党积极分子、入党申请人参加党课学习。

▲21 日　2021 年第一期处级干部学习贯彻党的十九届五中全会精神暨党史学习教育网上培训班开班，沈阳海关、济南海关、郑州海关、成都海关、昆明海关的 545 名处级干部将参加为期 5 天的系统培训。

▲23 日　学院与燕山大学、秦皇岛海关签署合作备忘录，三方将在学术科研、学习交流、文体活动等方面开展深入合作。

学院党委领导班子成员分别对党龄 50 周年的老党员、有困难情况党员等开展走访慰问活动，提前为他们送上节日问候。

▲24 日　学院召开院刊编辑部工作会议，院长陈晖出席会议并对院刊工作提出相关要求。会议由刘辉副院长主持，编辑部全体成员参加会议。

▲25 日　学院与上海欧坚网络发展集团股份有限公司签署合作备忘录，双方将在教育培训、产学研转化、科研、国际交流等方面开展深入合作。

为庆祝中国共产党百年华诞，学院隆重举办“颂歌献给党”歌咏会。

▲29 日　学院组织新任人事政工处处长、科技信息处处长见面会，院长陈晖、副院长刘辉出席会议。

▲30 日　学院举办庆祝中国共产党成立 100 周年表彰大会，表彰 2021 年度先进基层党组织、优秀共产党员和优秀党务工作者，通报市直机关“两优一先”表彰名单，同时向党龄达到 50 年以上的党员颁发“光荣在党 50 年”纪念章。

学院纪委书记蔺婧应邀参加联合国亚洲及太平洋经济社会委员会（ESCAP）举办的 RIVA Value Chain Analyzer 线上发布会议。

7月

▲1 日　学院组织全体教职工、合同制员工代表举行升国旗仪式，集中收看庆祝中国共产党成立 100 周年大会，并认真聆听学习了习近平总书记在大会上发表的重要讲话

▲2 日　学院召开党委理论学习中心组学习（扩大）会议，专题学习习近平总书记在庆祝中国共产党成立 100 周年大会上发表的重要讲话。

▲6 日　秦皇岛市文明办文明单位评选测评组一行 4 人，来院进行实地测评，测评组对学院文明单位创建工作给予肯定。秦皇岛市直机关工委纪工委书记赵秀茹一行 2 人，来学院进行党建工作督导检查。

▲7 日　学院纪委书记蔺婧应邀参加亚洲开发银行（ADB）举办的可持续农业与粮食安全计划（SAFSP）——第 18 届大湄公河次区域农业工作组年会（GMS

WGA AM)。

学院纪委书记蔺婧应邀参加联合国亚洲及太平洋经济社会委员会（ESCAP）、亚洲开发银行（ADB）与国际商会（ICC）合作举办“加快推进跨境无纸化贸易便利化系列网络研讨会”——“单一窗口”互用性会议。

▲8日 荷兰海关驻华专员穆斯塔法·阿米尼先生一行来学院交流访问。双方就中荷海关年度合作计划、互派人员跟班作业、交流学习、合作开展有关监管查验技能培训、共建“海关监管查验技能实训中心”、建立长效合作机制等事项进行了充分交流与讨论，并初步达成共识。

学院召开第一届妇委会选举会议，选举张华同志为妇委会主任，王璐、杨小龙同志为委员。

学院疫情防控工作领导小组对全院范围内开展了新冠肺炎疫情防控工作专项检查。

▲12日 党委书记杜祥培，院长、党委副书记陈晖，副院长刘辉以及相关部门负责人一行赴海关总署汇报工作。院长陈晖一行向副署长胡伟汇报了学院“十四五”规划情况。党委书杜祥培、院长陈晖一行向副署长王令浚汇报了学院海关总署监管技术研究中心项目建设情况。

▲14日 学院纪委书记蔺婧作为中国海关国际贸易便利化业务专家，应邀参加了联合国亚洲及太平洋经济社会委员会（ESCAP）举办的“第四次联合国数字化和可持续贸易便利化全球调查结果发布会议”。

学院纪委与秦皇岛市纪委监委就加强监督执纪执法工作协作配合签署备忘录，双方将在案件查办、纪检干部轮训、师资和培训共享等方面进一步开展深入合作。

▲15日 中国报关协会常务副会长兼秘书长白凤川一行来学院交流工作。院长陈晖主持会议，学院相关部门负责人参加会议。

于佳鹏老师代表秦皇岛市参加全省党委讲师团系统深入学习贯彻习近平总书记“七一”重要讲话精神“讲党史、颂党恩、跟党走”理论宣讲大赛决赛，获评二等奖。

学院微党课视频在秦皇岛市理论宣讲竞赛活动中获评二等奖 。

▲15—16日 中国海关学会海关研究座谈会在学院召开。来自中国海关学会总会、天津分会、天津特派办学会、北京海关学会、天津海关学会、石家庄海关学会以及学院学会的22名领导、专家参加了本次会议。

▲16日 院长陈晖主持召开学院“十四五”规划量化指标商定专题会议，学院各部门负责人参加会议。

▲21日 学院纪委书记蔺婧出席2021年PICARD年会征文投稿工作“两个中心”写作小组第一次会议（线上线下同步）。

▲20—21日 院长陈晖在常州参加了

以“新格局、新常态、新机遇”为主题的2021年全国检验检测认证职业教育集团年中理事会暨检验检测认证职业教育专家论坛。

▲27日 学院党委第一时间召开党委会专题研究部署巡视整改工作。会议深入学习了《总署党委第十三巡视组向中国海关管理干部学院党委的反馈意见》《总署党委巡视工作领导小组向中国海关管理干部学院主要负责同志的反馈意见》《人教司关于中国海关管理干部学院选人用人巡视检查的反馈意见》，通过了学院巡视整改工作领导小组组成。各党委班子成员就落实总署党委巡视工作领导小组要求，做好巡视整改工作分别进行发言。

学院纪委部署巡视整改监督工作

学院巡视整改工作领导小组办公室召开会议，传达学院党委会精神，部署开展巡视整改相关工作。

全市乡村振兴重点村驻村第一书记培训班在学院开班，来自秦皇岛市区乡村振兴重点村的201名驻村第一书记将参加为期3天的集中培训。

▲29日 全市乡村振兴重点村驻村第一书记培训班圆满结业。

▲30日 学院组织召开“十四五”规划专家论证会，会议由院长陈晖主持，邀请了总署统计分析司、上海海关学院、秦皇岛市委党校等系统内外5位专家参加会议并对学院“十四五”规划开展论证。

学院巡视整改工作领导小组召开会议就巡视整改“两方案一清单”进行研究。

8月

▲1日 学院“职工书屋”被秦皇岛市总工会授予“2021年市级职工书屋”荣誉称号。

▲2日 学院召开秦皇岛市第十三次党代表大会代表选举会议，学院党委书记杜祥培当选为中国共产党秦皇岛市第十三次代表大会代表。

▲3日 学院党委召开专题党委会审议巡视整改“两方案一清单”。

学院召开新冠肺炎疫情防控工作领导小组会议。

院长陈晖主持召开学院产学研平台建设工作会议，海关监管技术研究处、海关防辐射探测培训处相关人员参加会议，副院长赵玉庆出席会议。会议听取了海关防辐射探测培训处关于产学研一体化工作方案的汇报，就下一步工作提出相关要求。

▲5日 总署教培中心以视频会议形式召开2021年海关初任培训第二阶段工作部署会。

▲6日 学院圆满完成44个海关单位的1,486名海关初任培训学员的第一阶段线上教学任务。

为贯彻落实署长倪岳峰在全国海关疫情防控工作视频会上的讲话精神，学院在全院范围内开展了新冠肺炎疫情防控工作专项检查。

学院召开巡视整改工作动员会。通报

《中国海关管理干部学院党委对总署党委第十三巡视组巡视反馈意见的整改方案》《中国海关管理干部学院党委巡视问题整改清单》主要内容。院长陈晖代表学院党委作动员讲话。会议由副院长赵玉庆主持，全体教职工参加会议。

▲8日 2021年海关初任培训开班式通过钉钉网络直播方式顺利举办。全国海关教育培训中心主任刘春燕、副主任何彤、学院院长陈晖、全体带班干部，海关总署、直属海关人事教育负责同志以及1,486名参训学员参加了开班式。

▲10日 由学院纪委书记蔺婧带队，学院监察室会同办公室组成新冠肺炎疫情防控联合检查组，对全院各部门以及门卫、餐厅、总台等重点部位疫情防控情况开展深入排查，聚焦防控机制建立、防疫物资配备、信息台帐登记、防疫消杀关键环节开展监督检查。

▲11日 学院组织召开署级课题—社会主义现代化海关干部队伍能力建设研究开题报告会。

学院派员参加国际原子能机构核安保专家咨询会议 。

▲13日 学院组织召开党的十九大以来海关干部教育培训优秀教学成果推荐、评选工作专家辅导会，陈晖院长、燕山大学王新华教授、东北大学马廉洁教授和秦皇岛市社科联王文杰主席四位专家对收集到的30份申报材料进行了专题指导。

▲16日 学院纪委书记蔺婧应邀参加联合国亚洲及太平洋经济社会委员会（ESCAP）、亚洲开发银行（ADB）与国际商会（ICC）联合举办的“促进跨境无纸化贸易便利化”系列线上会议——“区块链技术在跨境贸易中的应用”会议。

▲18日 秦皇岛市直机关工委书记一行三人来院就疫情防控常态化下的干部培训工作开展调研。

▲18—19日 学院巡视整改工作领导小组办公室组织开展巡视整改任务落实情况督导检查 。

▲20日 学院组织召开教学成果推选会，推选产生的12个教学成果将代表学院参加总署的优秀教学成果评选活动。

▲24日 党委书记杜祥培主持召开学院党委理论学习中心组（扩大）学习会议，就巡视整改相关制度文件进行学习。党委班子成员及各处室主要负责同志参加了会议。

学院党委召开巡视整改专题民主生活会。天津特派办副主任孔忠通过电视电话会议的方式对学院党委民主生活会开展指导。

▲26日 学院纪委邀请秦皇岛市纪委监委二级调研员王爱冬来学院开展廉政警示教育。纪委书记蔺婧参加会议并提出工作要求。

▲30—31日 学院召开全体教职工大会，会议讨论并通过了《学院“十四五”事业发展总体规划（征求意见稿）》。

9月

▲1日 学院纪委召开2021年度纪检监察工作会议，监察室主任杨兴传达了驻署纪检监察组组长陶治国“强化责任传导 提升监督效能”“全面从严执纪 强化有效警示”“精准规范问责 强化政治责任”“毫不松懈抓好新冠肺炎疫情防控监督”4个专题会议讲话精神。

总署人事教育司、政工办组织召开全国海关党建工作专题培训第一单元动员部署会，学院党委书记杜祥培、院长陈晖、副院长刘辉、人事政工处处长岳克东作为学员参加了培训，人事政工处其他同志按要求列席了会议。会上，总署副署长、政治部主任、党委委员胡伟同志做了动员讲话，总署政治部副主任、人事教育司司长吕伟红同志，总署政治部副主任、机关党委（思想政治工作办公室）常务副书记（主任）杨振庆同志，驻署纪检监察组副组长（正局长级）吴戈同志分别进行了专题授课。

▲2日 学院第一届教学委员会委员选举大会召开，会上经25名具有副高级及以上职称和博士学位的在岗在编教职工投票，选出了6位选举委员。

▲7日 为进一步加强对习近平总书记在庆祝中国共产党成立100周年大会上重要讲话的学习，深入推进党史学习教育，学院召开党史教育专题学习。

2021年第三期拟晋升三级关务督察衔级人员网上培训班开班，共有17个海关单位的382名学员参加为期10天的系统培训。

▲7—8日 学院纪委书记蔺婧应邀分别参加联合国欧洲经济委员会（UNECE）第29期肉类标准化专题会议，及联合国亚洲及太平洋经济社会委员会（ESCAP）举办的“促进跨境无纸化贸易便利化”系列线上会议——“证件数字化”会议。

▲8日 学院组织召开了2021年职称申报审议推荐会议。审议专家组成员对4名申报参评河北省高校教师系列高、中级职称人员的申报材料和现实表现进行了集体审议，并以无记名投票的形式确定了各级别、各专业职称申报推荐人选。

▲10日 学院组织召开了2021年教师节庆祝大会。

2021年海关初任培训结业式以视频会议方式召开。教培中心主任刘春燕对初任培训做了总结，两所承训单位分别做了工作情况汇报，还播放了由学院制作的初任培训总结视频片《一网聚千钧，国门汇新流》。

▲6—12日 学院教职员工圆满完成9月份助力文明交通活动执勤任务 。

2021年第二期拟晋升三级关务督办衔级人员网上培训班开班，共有15个海关单位的228名学员将参加为期5天的系统培训。

▲15日 学院与苏州工业园区报关公司签署战略合作协议。双方将在联合党

建、产学研合作、课题研究、人才培育、高峰论坛、智库建设等领域开展深入合作。

▲14—15 日　天津特派办副主任孔忠一行来学院开展巡视整改督查。

▲17 日　2021 年武汉海关机检审图判图骨干网上培训班开班，来自武汉海关的 58 名学员参加为期 2 天的培训。

第三期拟晋升关务督察衔级人员网络培训班来自总署机关等 17 个海关单位 380 名参训学员完成了全部课程学习，顺利结业。

▲23 日　学院召开 2021 年初任培训总结会。

▲24 日　全国反走私综合治理调查研究中心秦皇岛分中心在中国海关管理干部学院揭牌。海关总署缉私局副局长王和、中国海关管理干部学院党委书记杜祥培共同为该分中心揭牌。

▲27 日　学院召开审计整改“回头看”见面会。院长陈晖、副院长赵玉庆、总署“回头看”核查组及学院相关处室人员参加会议。

▲28 日　中国国际货运代理协会危险品工作委员会主任黄群一行 4 人到访学院。

党委书记杜祥培主持召开学院巡视整改工作推进会。院党委班子成员、全体教职工参加会议。

▲29 日　济南市打击走私综合治理工作专题培训班结业。

10 月

▲11 日　学院举办党务工作培训。党委书记杜祥培在培训结束后对开展好党务工作提出三点要求：一是要认真听，解决思想认识问题；二是要认真研讨，解决工作方法问题；三是要认真落实，解决效果问题。

▲12 日　中国海关管理干部学院院长陈晖在北京与国际原子能机构（IAEA）副总干事莉迪·埃夫拉尔以视频连线方式签署协议，指定中国海关辐射探测培训中心为“国际原子能机构核安保一线官员能力建设协作中心”。中国国家原子能机构主任张克俭、中国常驻维也纳联合国和其他国际组织代表、特命全权大使王群与国际原子能机构总干事格罗西见证签署。

口岸监管环节核生化爆监测反恐技能网络培训班开班，本期培训班共有来自北京海关和满洲里海关的 159 名学员参加培训。

学院组织退休老同志开展欢度重阳节活动，党委书记杜祥培、副院长刘辉参加相关活动。

▲13 日　院长陈晖率队赴对外经贸大学政府管理学院调研。双方同意从学科建设、人才培养、师资队伍建设、科学研究等方面开展合作。

▲18 日　2021 年海关新任职处级干部网络培训班开班，来自北京海关等 19 个海关的 454 名学员将参加为期 10 天的

培训。

2021 年海关新任科级领导干部网络培训班开班，来自北京海关等 17 个海关的 1,493 名学员将参加为期 5 天的培训。

▲19 日 2021 年第二期艰苦地区海关业务骨干培训班开班，来自拉萨海关、满洲里海关、南宁海关、呼和浩特海关等 10 个关区 32 个边远地区隶属海关的 34 位一线关警员将在学院将参加为期 2 周的培训。

▲20 日 2021 年海关新闻舆论培训班开班，本期培训班共有来自北京海关等 38 个海关的 42 名学员将参加为期 3 天的培训。

2021 年全国海关人事处长培训班开班，来自总署机关各司局综合部门、在京直属企事业单位综合或人事部门、直属海关单位人事部门主要负责同志，总署人事教育司有关干部等共 78 位学员将参加为期 3 天的培训学习。

▲21 日 院长陈晖赴北京化工大学秦皇岛环渤海生物产业研究院北戴河新区生命健康产业公共服务平台调研。

▲18—22 日 “世界海关组织战略贸易管制执法培训班”在学院成功举办，全国海关 63 名学员参加了线上培训。

▲21—22 日 由总署教育培训中心和学院联合举办的“构筑完善提升海关干部教育培训体系征文”集中评审工作在学院顺利举行。

▲23 日 由上海市法学会海关法研究会主办的“上海市法学会海关法研究会 2021 年年会暨第十四届海关法论坛”以线下和线上相结合的方式在学院举行。学院院长、上海市法学会海关法研究会会长陈晖教授出席论坛。

▲21—24 日 上海海关学院学会肖建国会长一行来院参加第十四届海关法论坛并就海关学会工作进行交流研讨。

▲25 日 中国高等教育学会引进国外智力工作分会通过了学院的加入申请，学院正式成为引智分会会员单位。

▲30 日 2021 年第二期艰苦边远海关业务骨干培训班结业。

11 月

▲1 日 学院在海关总署办公厅关于党的十九大以来海关优秀教学成果评选中获得优异成绩。2 项成果获评特等奖；1 项成果获评一等奖；3 项成果获评二等奖。

▲8—12 日 海关处科级干部综合素质能力提升网络培训班在学院举办，来自沈阳海关、武汉海关、重庆海关的 138 名学员完成了为期 5 天的培训，顺利结业。

2021 年海口海关新任科级领导干部网上培训班在学院举办，90 名学员完成了为期 5 天的培训，顺利结业。

▲17 日 学院党委召开会议传达学习习近平总书记《关于<中共中央关于党的百年奋斗重大成就和历史经验的决议>的说明》《中共中央关于党的百年奋斗重大成就和历史经验的决议》。

▲19 日　院长陈晖、副院长刘辉带队赴秦皇岛市委党校调研，围绕市委党校办学质量评估、培训资源拓展、学科专业建设、队伍建设、科研工作等进行了充分交流。

▲22 日　中青年领导干部及年轻干部理论进修网上专题班开班，来自沈阳海关、哈尔滨海关的 61 名学员参加本期培训。

副院长赵玉庆一行与北戴河新区管委会主任王占胜一行到海关总署监管技术研究中心项目（北区）、（南区）现场调研。

▲23 日　深圳海关 2021 年中青年处级领导干部和青年科级领导干部理论进修班开班，共有来自深圳海关的 140 名学员将参加为期 6 天的培训。

2021 年第二期口岸监管环节核生化爆反恐技能网络培训班开班。本期培训班共有来自石家庄、哈尔滨、汕头海关的 111 名学员将参加为期 3 天的培训。

学院组织 2019 年 10 月以来提任的 7 名中层领导干部进行了集体宪法宣誓仪式。

▲26 日　院长陈晖、副院长刘辉带队赴河北建材职业技术学院调研，双方就合作办学、共享培训资源等事宜达成了初步合作意向。

沈阳海关年轻干部理论进修网上专题班结业，来自沈阳海关 39 名学员参加了为期 5 天网上培训。

学院组织召开学习贯彻党的十九届六中全会精神专题讲座。

▲27 日　2021 年哈尔滨海关中青年处级领导干部理论进修网上专题班圆满结束，来自哈尔滨海关的 22 名中青年处级领导干部经过一周的学习，考试合格，顺利完成了此次培训。

▲29 日　2021 年俄罗斯边境隶属海关关长网上培训班开班，来自俄罗斯乌苏里海关、哈巴罗夫斯克海关及赤塔海关的 10 名隶属海关关长将参加为期 10 天的线上培训。

12 月

▲5—10 日　海关总署 2020 年度副高级职称评审工作在学院开展。

▲6 日　标法中心、银川海关处科级干部网上专题班班，来自标法中心、银川海关的 68 名学员将要参加为期 5 天的培训。

海关总署监管技术研究中心项目（北区）学员宿舍楼、食堂、教学用房三栋建筑钢结构主体工程封顶。

▲7 日　2021 年海关口岸监管环节冬奥安保及反恐怖工作网上培训班开班，来自全国海关的 3, 389 名学员参加为期 3 天的培训。海关总署副署长、党委委员张际文，总署党委委员、办公厅（国口办）主任黄冠胜来学院参加 2020 年度副高级职称评审开幕会议。

2021 年俄罗斯边境隶属海关关长网上培训班结业仪式在学院举办，来自俄罗斯乌苏里海关、哈巴罗夫斯克海关及赤塔海关的 10 名隶属海关关长参加了为期 10 天的线上学习交流，顺利结业。

▲8 日 海关总署副署长、党委委员张际文，办公厅主任黄冠胜视察学院。

▲9 日 2021 年海关口岸监管环节冬奥安保及反恐怖工作网上培训班圆满结束。来自全国海关的 3,000 余名学员经过 3 天的学习，考试合格，顺利完成此次培训。

学院举办海关英语翻译和外事培训能力提高班，院长陈晖、纪委书记蔺婧出席并讲话。

▲10 日 海关总署副署长胡伟、张际文，总署党委委员、办公厅（国口办）主任黄冠胜在学院参加海关总署 2020 年度副高级职称评审工作。

标法中心、银川海关处科级干部网上专题班圆满结业。

▲14 日 秦皇岛市总工会副主席陈勇珲、市直机关工会主席金松林一行来学院调研指导工会工作，并为学院“职工书屋”授牌。

▲16 日 2021 年新疆维吾尔自治区巴州博湖县基层干部培训班开班，来自博湖县的 30 名学员将参加为期 10 天的培训。

▲17 日 学院与中共秦皇岛市委党校（李大钊干部学院）签署合作备忘录，双方将发挥各自的资源优势，互学互鉴、共建共享、共同发展，在学科建设、人才培养、队伍建设、科学研究、文化建设等方面加强合作。

▲22 日 纪委书记蔺婧代表学院参加全国海关“三智”国际合作工作视频会议。

▲23 日 纪委书记蔺婧主持召开学院国际合作工作组工作会议。

▲28 日 院长陈晖出席自贸创新构建新发展格局峰会暨第七届贸易便利化金鸡湖高峰论坛。

由中共秦皇岛市委组织部主办的 2021 年高层次专家人才国情研修班顺利开班。

▲29 日 院长陈晖到上海海关学院苏州分校调研。

纪委书记蔺婧到秦皇岛市委党校学习考察校园文化建设和党风廉政工作。

▲30 日 院长陈晖到上海海关学院调研。

附录

授课教师简介

学院学科专业带头人简介

法学学科带头人：陈晖，中国海关管理干部学院院长、党委副书记，上海市法学会海关法研究会会长，教授，硕士研究生导师。中国社会科学院法学研究所法学博士后，复旦大学哲学博士，华东政法学院法学硕士。担任海关总署教材编审委员会委员，全国报关职业教育教学指导委员会副主任委员兼校企合作促进委员会主任委员，全国反走私综合治理调查研究中心特聘顾问，上海市法学会第十一届理事会理事，上海财经大学法学院兼职教授，南京森林警察学院客座教授，上海市人民检察院第三分院特聘专家等。出版学术著作、法学书籍十余部，发表学术论文80多篇。主持完成十余项国家部委、海关总署、上海市等省部级课题。获评宝钢教育基金优秀教师奖、上海市优秀教育工作者、上海市教育成果奖一等奖、海关总署嘉奖等。

国家安全学学科带头人：战俭，清华大学核工程与核技术专业毕业，公共管理硕士，副教授，现任中国海关管理干部学院海关防辐射探测培训处处长，国家核应急协调委专家委员会委员，中国核学会核安保分会常务理事，中国辐射防护协会理事。1994年参加满洲里海关工作，2004—2007年在海关总署口岸监管司工作，2008调入中国海关管理干部学院，具体负责中国海关辐射探测培训中心的筹建。十余年来，一直从事海关辐射探测技术设备的应用研究、评估和培训工作，是中美、中俄、中哈等双边共同防范核及其他放射性物质非法贩运合作备忘录的主要起草者之一，在口岸核安保、反恐、防扩散及相关国际合作等方面具有丰富的实践和教学经验，其讲授的《海关辐射探测概述》，2021年被海关总署评为优秀教学成果精品课特等奖。

干部教育学专业带头人：李亮，中国海关管理干部学院教育培训处副处长，副教授。自工作以来一直从事干部教育培训工作，主持的项目先后获评海关总署教学成果二等奖，秦皇岛市社会科学成果奖，参与的课题获得中组部干部教育培训理论研讨会一等奖。围绕干部教育等领域在《中国延安干部学院学报》《智库理论与实践》等核心期刊上发表学术论文二十余篇，个人先后多次获得记功、嘉奖等表彰。

海关缉私专业带头人：路长明，中国海关管理干部学院副教授、全国反走私综合治理调查研究中心秦皇岛分中心专职副主任、全国反走私综合治理调查研究中心研究员。研究方向为成人教育及海关缉私。公开发表论文 30 余篇，出版著作 4 部，主持、参与省部级、厅局级课题 10 余项。

海关监管理论和技术专业带头人：王月恒，海关监管技术研究处副处长，高级统计师，《海关监管实务与研究》执行主编。近年来，先后讲授《海关监管装备配备使用》《X 光机图像分析技巧》《跨境电子商务海关监管》等课程；参与编写《海关行邮监管现场缉毒案例 200 例》《海关行邮监管现场查获货币文物典型案例分析培训教材》等；承担《海关口岸监管装备配备规划研究》《大数据时代新型对外货物贸易统计体系研究》《秦皇岛跨境电子商务发展模式研究》等多项海关系统及省市级课题，并在《中国市场》《海关研究》等系统内外期刊发表论文。

跨境核安全管理专业带头人：刘欣侠，中国海关管理干部学院海关防辐射探测培训处副处长，国际合作交流与教育培训中心主任，高级工程师，英国布里斯托大学公共政策专业硕士研究生，燕山大学计算机技术工程硕士。长期从事海关贸易管制、海关辐射探测的研究和培训工作，重点参与中国海关辐射探测培训中心筹建，现具体负责海关总署与美国能源部于 2016 年开始合作开展的防扩散出口管制商品识别培训（CIT）、国际原子能机构核安保一线官员能力建设协作中心及其他相关国内外合作项目的日常运行，开设《海关防扩散出口管制》《海关贸易管制》等线上线下系列课程，牵头完成海关总署署级、司局级课题研究及《海关出口管制商品识别》教材编写等工作。2018 年，赴美参加“中美出口管制访问学者项目”，在佐治亚大学和明德学院蒙特雷国际研究院开展学术交流。

客座教授简介（部分）

王中汝，中共中央党校马克思主义学院教授、博士生导师，中共中央党校马克思主义创新工程首席专家，是全国党校系统精品课获得者。主要从事马克思主义理论、中国特色社会主义理论的教学和研究工作。

王海滨，中共中央党校马克思主义学院教授，中共中央党校国家高端智库专家、习近平新时代中国特色社会主义思想研究中心特约研究员。主要从事马克思主义基本原理及其中国化、党的建设、习近平总书记系列重要讲话精神、文化建设与人的精神世界重建问题等研究。

丛屹，天津财经大学教授，博士生导师，校学术委员会委员，天津财经大学习近平新时代中国特色社会主义思想研究中心秘书长，马克思主义学院（天津市重点马院）院长。中国经济发展研究会理事，中国城市经济学会学科建设委员会委员，天津市社会组织联合会常务副会长，天津市文化宣传五个一批人才、高校学科领军人才，天津市五一劳动奖章获得者。

李聚山，中共河北省委党校党的建设教研部副主任，三级研究员。承担了河北省委党校所有主体班的课程，多次获评校教学优秀奖，先后主持或参与国家和省部级社科研究项目 7 项，获得省部级以上科研奖励 6 次。

冯学工，中共河北省委党校党史教研部主任，西柏坡研究中心主任，河北省委党校名师，中国现代史学会理事，全国党校系统党史教学与研究专业委员会理事。主要从事中共党史党建的研究和教学工作。

黄祖海，国防大学教授，大校军衔，学科带头人，博士生导师。主要从事战役作战、军事思想和国家安全等问题的教学与研究工作。

谢秋慧，上海特派办一级巡视员，兼任原国家质检总局科技委消费品专业委员会主任委员，海关总署技术规范委员会纺织品专业委员会主任，牵头完成多项上海市和海关总署的跨境电商及进博会的相关课题研究，并承接了 2019 年商务部部级课题跨境电商综试区研究。

张杰，现任天津海关二级巡视员。先后历任多个隶属海关关长，具有近 20 年隶属海关关长工作经验，具备较强的管理能力，是通关、保税、稽查等多个领域的业务专家。

2021 年制定的重点制度

中国海关管理干部学院荣誉体系建设管理办法

为丰富学院荣誉文化建设内涵，提升教职工荣誉感，增强队伍凝聚力，深入推进学院荣誉体系建设，根据《事业单位工作人员奖励规定》《海关系统奖励规定》《海关系统专项奖励实施办法（试行）》，结合学院实际，制定本办法。

一、总体要求

（一）指导思想。

深入学习贯彻习近平新时代中国特色社会主义思想，特别是对党和国家功勋荣誉表彰工作的重要指示，按照总署党委关于“深入挖掘一批各层面、各业务领域先进典型，探索推进海关荣誉体系和荣誉制度建设”的部署要求，全面加强对学院各级各类、各种形式荣誉的创建和管理。坚定信仰信念，厚植荣誉文化，充分发挥荣誉表彰的精神引领、典型示范作用，培养激发全院教职工爱岗敬业、忠诚奉献的思想自觉和行动自觉，推动全院形成见贤思齐、崇尚荣誉、争做先锋的良好氛围。

（二）基本原则。

一是坚持党管干部、党管人才；

二是坚持德才兼备、以德为先；

三是坚持事业为上、突出业绩贡献；

四是坚持公开公平公正，严格标准程序；

五是坚持精神激励为主，物质激励为辅；

六是坚持定期奖励与及时奖励相结合，以定期奖励为主。

（三）建设目标。

通过建立健全荣誉体系，将荣誉激励贯穿于教职工职业生涯发展全过程及重点节点，进一步坚定信仰信念，树立崇高价值追求，将社会主义核心价值观和海关核心价值观具象化，切实增强荣誉建设实效；进一步厚植荣誉文化，通过有形的荣誉载体和无形的荣誉精神感召队伍、凝聚士气，引导广大教职工自觉向身边典型看齐，在全院营造崇尚荣誉、争创荣誉、珍惜荣誉的良好氛围；进一步加强荣誉建设统筹规划，建立清晰、有效的荣誉争创路径，增强荣誉培树的计划性、前瞻性、有效性；进一步提升荣誉建设制度化、规范化水平，使荣誉的立项、审批、评定、运用各环节都有严格明确的评测标准，荣誉体系建设有章可循、有章必循；进一步激励队伍、推动工作，树立以实绩为导向的荣誉观和价值观，推动以中国梦引领海关行动。

二、组织机构和职责任务

（一）学院荣誉体系建设领导小组成员及职责。

荣誉体系建设在学院党委领导下开展工作，成立学院荣誉体系建设领导小组（简称“领导小组”）。

组　长：杜祥培　陈　晖

成　员：刘　辉　赵玉庆　蔺　婧

主要职责：管理、组织、指导学院荣誉相关工作；积极向海关系统内外争创荣誉；对学院荣誉载体的组织和管理。

（二）荣誉体系建设工作办公室及职责。

领导小组下设荣誉体系建设工作办公室，办公室设在人事政工处（党委办、离退休干部办公室）。

主要职责：组织学院及指导学院其他部门参加海关系统内外开展的先进评选活动；管理和组织学院表彰奖励工作；对荣誉激励机制、工作办法等草案提出修改意见；组织重大荣誉仪式。

三、荣誉争创

（一）奖励种类及情形。

对学院工作人员和集体奖励一般采取嘉奖、记功、记大功、授予称号。

嘉奖。对在本职或专项工作中表现优秀、作出显著成绩，对学院有较大贡献，在学院发挥模范带头作用的。

记功。对在年度工作或重要专项工作中表现突出、取得突破性成就，单项成绩显著或者事迹感人，对学院有重大贡献或者在海关系统有一定影响力的；连续 3 年年终考核为优秀等次给予嘉奖的。

记大功。对取得重大突破性成就、做出杰出贡献，在地方及海关系统产生重大影响的。

授予称号。功绩卓著的。具体按照《中国共产党党内功勋荣誉表彰条例》《国家功勋荣誉表彰条例》等有关规定执行。

（二）奖励项目、比例及次数。

学院奖励项目分为定期奖励和及时奖励。

1. 定期奖励。

根据学院实际情况，定于每年教师节和年终考核开展两次定期奖励。教师节主要表彰年度优秀教师、优秀教育工作者；年终考核以年度为周期，依据考核结果确定奖励人选，主要表彰年终考核优秀个人、先进集体及在学院年度工作中表现特别突出，有特殊贡献的个人。

定期奖励的比例（名额），根据学院实际情况统筹分配确定，年内个人嘉奖一般不超过工作人员总数的20%，记功不超过工作人员总数的2%，学院年度工作整体表现突出的，嘉奖一般不超过工作人员总数的25%。

关于“七一”表彰“两优一先”（优秀共产党员、优秀党务工作者、先进基层党组织），一般按照秦皇岛市直工委统一安排组织。

2. 及时奖励。

对在应对重大突发事件、完成重大专项工作等方面，做出显著成绩和贡献的工作人员和集体，应当及时给予奖励。

及时奖励比例参考定期奖励比例，奖励情形依据《海关总署专项奖励实施办法（试行）》规定，结合实际情况及时开展。

（三）表彰奖励名称及其他荣誉体现形式。

1. 学院定期表彰奖励名称及对应奖励等次。

（1）优秀教师、优秀教育工作者（对应嘉奖奖励等次）；

（2）年终考核优秀个人、先进集体等（对应嘉奖奖励等次）；

（3）特别贡献奖（对应记功奖励等次）；

（4）优秀党员、优秀党务工作者（对应嘉奖奖励等次）；

（5）先进基层党组织（对应嘉奖奖励等次）。

2. 学院及时奖励名称。

学院及时奖励名称根据重点、专项工作名称等依据实际情况确定。

3. 获得校外荣誉学院通报表扬项目。

学院应在院内典型培树的基础上，通过从总署、地方争创优秀共产党员、优秀党务工作者、先进基层党组织、模范职工之家、青年文明号、巾帼文明岗、妇女之家、志愿服务先进集体和个人、优秀共青团员和团干及各工作相关领域先进等获得荣誉。学院对获得国家级、省部级、地市级及其他相关荣誉的集体和个人不再另行奖励，在学院教师节大会举办仪式进行通报。

4. 荣誉宣传教育。

（1）授予学院荣誉章。

为了大力弘扬学院爱岗守责、敬业奉献精神，致敬前辈贡献，见证师德传承，学院为扎根海关教育培训事业辛勤奉献的教职工，根据工作年限颁发荣誉奖章。荣誉奖章分为：一级荣誉章、二级荣誉章、三级荣誉章。

一级荣誉章颁发给在学院工龄满30年人员；二级荣誉章颁发给在学院工龄20—29年人员；三级荣誉章颁发给在学院工龄10—19年人员。学院根据实际情况每3年于年终考核大会举办1次荣誉章授予活动，同级别荣誉章只授予1次。

（2）授予学院工作纪念牌。为纪念个人职业生涯阶段和印迹，提升教职工归属感、荣誉感，学院为离职人员、退休人员按照政策规定举办离职仪式和退休仪式，制作并授予学院工作纪念牌，记载学院工作起始时间和截止时间。仪式由学院根据实际情况及时组织，人事政工处制定相关规程。

（3）迎新仪式。为了提升新入职人员的职业荣誉感、自豪感，增强归属感，帮助新入职人员扣好职业生涯的第一粒扣子，学院为新招录人员举办迎新仪式，新入职人员进行入关宣誓。仪式由学院根据实际情况相对集中组织，人事政工处制定相关规程。

（4）任职仪式。为了激励六级及以上新任职干部厚植爱国主义情怀，增强忠诚履职使命感，自觉奉行依法用权、廉洁奉公原则，在选拔任用程序结束后，学院为新任职干部举行任职仪式，新任职干部进行宪法宣誓。仪式由学院根据实际情况相对集中组织，人事政工处制定相关规程。

（四）奖励实施程序及审批权限。

1. 实施程序。

（1）人事政工处制订奖励工作方案，明确奖励范围、条件、种类、比例（名额）、程序和纪律要求等，并予以公布。

（2）集体和个人（署管干部除外）符合表彰奖励条件需要嘉奖或记功的，由所在单位（部门）、支部在征求群众意见基础上，提出表彰奖励建议及人选，向人事政工处报送意见，随附事迹材料。

（3）人事政工处负责审核材料，向监察室函询廉政意见，对无问题人员提出表彰奖励建议提交党委会研究确定。

（4）党委召开会议审批。

（5）公示。公示结果不影响正常表彰奖励程序进行的，制发表彰奖励决定。

（6）受表彰奖励个人和集体填写奖励审批表，报由人事政工处存档。

2. 审批权限。

嘉奖及记功，由学院党委批准并作出；记大功及授予称号，报海关总署或相应管理机构审批。嘉奖及记功的奖励决定，学院应在1个月内向总署人事教育司事业单位管理处进行备案。

（五）奖励金发放执行标准。

1. 各类奖励标准见表10-1。

表10-1 2021年学院奖励标准

类别	集体	个人
授予荣誉称号	执行具体规定	执行具体规定
记大功	1,500元/人均	12,000元（比照公务员一等功奖励）
记功	800元/人均	3,000元（比照公务员三等功奖励）
嘉奖	500元/人均	1,500元（比照公务员嘉奖奖励）
通报表扬	不发放奖金	不发放奖金

以上奖励标准根据总署相关规定进行实时调整。

2. 在一年内获得两次及以上相同类别表彰的，按就高原则进行奖励，不重复奖励。

四、荣誉阵地建设

各级各类荣誉是学院宝贵的精神财富，应通过固化的阵地对其进行彰显、弘扬、传承，打造具有学院特色的荣誉文化。

（一）荣誉阵地。

学院校史馆可设立荣誉墙，展示学院集体和个人获得重大荣誉，陈列与荣誉相关的上级领导批示、荣誉牌章匾实物及重大宣传报道等。学院各部门可结合实际设立荣誉角、荣誉展示柜等荣誉阵地，展示本部门所获荣誉。

（二）荣誉宣传资料。

1. 荣誉台账。制作学院荣誉台账，每年对全院各类荣誉进行汇总登记，形成荣誉册，定期对各级各类荣誉进行维护管理。

2. 网上荣誉室。对所有受表扬、表彰、立功受奖的同志在荣誉网上进行彰显，并实现对学院各级各类荣誉的展示。

3. 多媒体载体。充分利用办公场所现有的电子显示设备，定期滚动展示荣誉获得集体或个人的有关宣传资料。

4. 新媒体。结合工作需要，对有关荣誉进行宣传展示。

五、荣誉管理

（一）荣誉的档案管理。

学院人事政工处每年发各部门核对一次，做好全院获评荣誉的统计、记录、归档，按规定及时更新干部人事信息系统。个人审批表存入本人档案，集体审批表存入学院文书档案。有关表彰决定及公示通知存入学院文书档案。

（二）荣誉的实物管理。

荣誉的实物是指相关奖牌、奖状、奖章、奖旗、证书等。国家级、省部级表彰集体奖励荣誉的实物应存放于校史馆；其他级别荣誉的实物由各部门保管。各部门要建立专门台账由专人负责管理，做到底数清楚、可查可找。个人的荣誉实物自行保管。各荣誉的电子照片及相关事迹需报人事政工处留存展示。

（三）荣誉成果的运用。

在干部选拔任用、职称评聘、进修学习等工作中，将荣誉作为重要参考。在精神奖励及物质奖励之外，充分发挥荣誉激励作用，提高荣誉的实际价值，在全院营造争创荣誉、珍惜荣誉的良好氛围。

中国海关管理干部学院纪检监察工作联系配合办法

第一章　总　则

第一条　为进一步加强全面从严治

党，有效落实学院党风廉政建设“两个责任”，密切纪检监察部门与院内其他部门的联系配合，实现专责监督与职能监督的有效衔接，根据《海关党风廉政建设责任制实施办法》等有关规定，制定本办法。

第二条 加强纪检监察工作的联系配合，必须坚持学院党风廉政建设领导体制和工作机制，认真落实党风廉政建设责任制，坚持问题导向、底线思维，注重抓早抓小抓苗头，从源头上预防违规违纪及腐败行为的发生。

第二章 纪检监察部门配合各部门事项

第三条 纪检监察部门及时向相关部门通报全面从严治党相关政策、制度、措施等发生调整，或出台纪检监察方面的制度、措施等情况。

第四条 根据纪检监察工作职责，在调研、专项检查、办理信访举报、纪律审查等工作中主动与各部门沟通交流，深入实际了解掌握客观、真实的情况。

第五条 发现涉及有关业务和队伍管理方面存在管理风险和廉政风险的问题，或发现党员干部存在违反中央八项规定精神、“四风”问题以及违反六项纪律问题的，及时与相关部门联系，并对苗头性、趋势性问题和隐患，及时提出监督建议。

第六条 与各部门就落实主体责任加强沟通联系，及时解答或解决提出的问题，并协助分析研判，提出工作建议。

第七条 纪检监察部门在收到纪检监察业务受理范围之外的信访举报或意见建议时，及时移交学院信访受理部门或其他相关部门予以处理。

第八条 其他有必要联系配合的相关工作。

第三章 各部门配合纪检监察工作事项

第九条 各部门就贯彻落实中央重大决策部署及习近平总书记重要指示批示精神应主动接受纪检监察部门监督。

第十条 各部门对纪检监察部门开展调研、专项检查、纪律审查、核实问题线索等工作，应给予积极协助和配合，提供客观、真实的情况，积极提出意见和建议。

第十一条 各部门对纪检监察部门提出的有关廉政风险和违反中央八项规定精神、“四风”问题以及违反六项纪律等方面的监督建议，认真研究整改措施，并按时向纪检监察部门反馈整改落实情况，接受对整改工作的监督检查。

第十二条 各部门及时向纪检监察部门沟通和移交涉及廉政问题、违纪违规、酒驾醉驾等方面的问题线索，并主动提供相关的背景情况和有关信息。

第十三条 审计职能部门在配合总署审计或内审过程中发现领导干部在“三重一大”决策中，未依法依规决策，或未严格执行国家法律法规、行政规章及规定，涉及金额较大的；领导干部因履行党风廉政建设责任不力，致使发生系统性、区域性重大违纪违法案件的；未严格执行财经法律法规、行政规章制度，造成严重后果的；总署“25+10”项措施以及海关“六项禁令”等规定的情形应在发现问题线索5个工作日内向纪检监察部门提供有关线索（见附表一、二）。

第十四条 承担审计职能的部门在配合总署审计或内审过程中有证据证明学院干部职工涉嫌违纪违法的，在发现问题线索1个工作日内向纪检监察部门移交（见附表一、二）。

第十五条 人事部门就干部选拔任用、因私出国（境）、辞去公职、授予荣誉表彰、党委人大政协纪委监委换届等情况应在相应阶段3个工作日前向纪检监察部门征求党风廉政意见。

第十六条 人事部门应及时向纪检监察部门通报对党员干部党纪政务处分和处分决定落实情况。

第十七条 承担教育培训工作的部门在完成每期培训班教学评估3个工作日内应把教学质量评估和综合质量评估结果抄送纪检监察部门；在教学过程中发现教师公开发表不恰当言论特别是违反政治纪律情形的须第一时间报纪检监察部门。

第十八条 负责招投标、采购的部门或议事机构在组织实施项目招投标或采购过程中，发现涉嫌违规违纪违法的个人或单位，应及时移交相关问题线索。

第十九条 其他有必要联系配合的相关工作。

第四章　配合方式

第二十条 对上述需要联系的情况，可以选择下列适当方式进行联系配合：

（一）递交工作联系单。对需要反馈的工作事项，一般应采用递交《工作联系单》（见附表三）的方式进行，并按要求及时做好工作反馈。

（二）书面行文。对重要情况，如相互通报专项工作情况、纪检监察部门函询等，可采用书面便函的形式进行。

（三）召集会议。对专题工作事项，由纪检监察部门或院内相关部门召集会议，进行情况通报和工作交流研讨。

（四）直接上门或约见。采用此种方式，均应做好相关工作记录，必要时当场签字确认。

（五）电话沟通。对于紧急重大事件不能及时通过其他方式联系的，可采用电话沟通的方式进行，事后应及时补充相应文字材料。

第五章　责任追究

第二十一条 各部门负责人要增强主动联系配合意识，对常规性联系工作要明确本部门联系人，积极沟通协调。在执行本办法中有下列情况之一的，按照有关规定追究相关人员责任：

（一）发现违纪违法线索，隐瞒不报的；

（二）隐匿、销毁、伪造有关资料的；

（三）不按规定的时间和程序移交违纪违法线索及有关证据资料，造成严重后果的；

（四）违反保密工作纪律，造成不良影响的；

（五）其他应当追究有关人员责任的情况。

第六章　附　则

第二十二条　本办法由纪委负责解释。

第二十三条　本办法自发布之日起施行。

中国海关管理干部学院教学委员会章程

第一章　总　则

第一条　为完善学院治理体系，提升治理能力，加强教育培训工作的制度化、规范化、民主化和科学化，发挥专家治学作用，推动学院的教学改革和教学建设，根据《中央党校（行政学院）工作条例》《干部教育培训工作条例》《2018—2022年全国干部教育培训规划》《教育部高等学校教学指导委员会章程》，设立中国海关管理干部学院教学委员会（以下简称“教委会”）。为了保证教委会工作的顺利开展，制定本章程。

第二条　教委会是对学院教学工作进行决策、监督和指导的教学组织。

第三条　教委会要全面贯彻党和国家的教育方针，认真执行上级关于教育、教学工作的指示和要求，遵循教育和教学规律，坚持科学、民主、公平、高效的原则。

第二章　组　织

第四条　教委会由11名委员组成，分为职务委员和选举委员。

职务委员由院长、分管教学工作副院长和教育培训管理3个部门主要负责人等5人组成，职务委员不列入候选人名单，但具有投票权。职务委员因工作岗位调整，由相应职务接替人员担任职务委员。

选举委员由6人组成，从学科带头人、首席专家及其他长期从事教学和教学管理工作，经验丰富，责任心强，能从大局出发全面考虑学院教学工作的在编教师和教学管理人员中选举产生。其中，在编教师应具有副高级及以上职称或博士学位。

第五条　教委会设主任委员1人，副主任委员1人。主任委员由院长担任，副主任委员由分管教学的副院长担任。

第六条　教委会选举委员实行选举制和任期制。教委会选举委员依照民主、公开、自愿原则，民主选举产生，即通过个人申请、资格审定、副高级及以上职称或者博士及以上学位的在编人员投票、投票排序、院长办公会讨论确定、全院公示、发文聘任等7个步骤产生。选举委员每届任期4年，任期内因工作变动等原因不再适合担任委员的，由教委会负责调整和补充。

第七条 教委会办公室设在教育培训处，负责教委会日常工作。教委会秘书由教务工作具体负责人担任。

第三章 职 责

第八条 教委会工作职责包括：

（一）培训规划。

1. 审议年度培训计划，指导中长期培训规划的制订。

2. 审议各类各级培训班培训方案。

（二）学科建设。

1. 审议学科建设规划。

2. 指导学科建设工作。

（三）课程建设。

1. 审议精品课程及特色课程建设规划。

2. 审定本院教师新开发课程。

（四）教材建设。

1. 审议学院教材建设规划。

2. 审定学院出版教材经费资助。

（五）师资队伍建设。

1. 审定本校教师授课资格。

2. 审议、推荐优秀教师、教学名师。

3. 审定首次聘任兼职教师、拟聘客座教授资质。

（六）教学成果推选。

1. 审议教学成果培育规划。

2. 审定本院精品课程、优秀教学研究成果、优秀教学管理成果。

3. 评选推荐省部级、国家级精品课程、优秀教学研究成果、优秀教学管理成果。

（七）实训室（基地）建设。

1. 审议实训室（基地）建设规划。

2. 监督、指导实训教学工作。

（八）教学改革与教学评估。

1. 指导学院教学改革、教学质量保障体系建设。

2. 审定学院教学质量评估方案，审定和分析评估结果。

3. 认定违反课堂政治纪律等教学事故。

（九）教学规章制度建设。

审议职能部门提出的教学管理制度和措施。

（十）教辅建设。

对教学辅助、保障系统服务和保障教学工作提出建议和要求。

（十一）其他。

院长办公会委托的其他事项。

第四章 议事规则

第九条 教委会每年至少召开两次全体会议，特殊情况下可召开临时会议或以通讯方式开展工作。

第十条 教委会决策时坚持民主集中制原则。到会委员超过三分之二方可召开会议。需要表决的事项，须经到会三分之二以上委员同意才有效。审议事项时，一般采用举手或无记名投票方式进行表决，也可以根据事项性质，采取记名投票方式进行表决。

第十一条 教委会在讨论、审议与本人或亲属有关的事项时，实行回避制度。

第十二条 相关机构和个人对教委会的评定结果有异议时，可向教委会办公室提出书面申请复议，教委会应在 5 个工作日内成立专门工作组，工作组在成立之日起 15 个工作日内出具处理结果并予以反馈。如有必要，经三分之一及以上委员同意，可召开全体会议复议。经复议的认定结果作为最终结论。

第十三条 教委会主任委员可以根据讨论议题的需要，邀请相关专家、职能部门人员、教师及学员代表等列席会议。列席人员具有旁听权以及陈述权，但不具有表决权，其意见作为委员会决策的参考。

第十四条 教委会做出的决议，以会议纪要形式发布，由教委会办公室具体执行。需要有关部门或单位处理的，应及时送达相关部门或单位。

第五章 附 则

第十五条 纪检监察部门按照工作职责对教委会工作进行监督检查，受理群众举报，查处违纪违法行为。

第十六条 本章程经院长办公会审议批准后实施。修改本章程须经相同程序。

第十七条 本章程由教委会负责解释。

第十八条 本办法自颁布之日起施行。

中国海关管理干部学院培训评估管理办法（试行）

按照《干部教育培训工作条例》和《2018—2022 年全国干部教育培训规划》的要求，为加强学院教学质量管理，进一步规范教学评估工作，丰富教学方法手段，不断完善培训质量保障体系，结合学院实际，制定本办法。

第一条 指导思想

以习近平新时代中国特色社会主义思想为指导，坚持干部学院姓党，坚持一切教学活动、一切科研活动、一切办学活动都坚持党性原则、遵循党的政治路线，切实增强“四个意识”、坚定“四个自信”、做到“两个维护”。全面贯彻党中央和海关总署关于干部教育培训的文件精神，深化教学改革，完善评估机制，规范教学活动，提高培训质量。

第二条 评估原则

（一）科学规范。评估指标科学合理，评估流程严谨规范。

（二）客观公正。统一评估标准，严格评估程序，严肃评估纪律。

（三）注重实效。评估办法务实管用，学员评估、项目委托单位相关人员评估重在考核，专家评估、教学组织管理部门相关人员评估重在指导，以评促教，以评促改。

第三条 评估主体和对象

（一）评估主体

评估主体为学院各类班次的参训学员、项目委托单位相关人员、专家、教学组织管理部门相关人员。

（二）评估对象

评估对象为学院承办的系统内培训项目及课程。

第四条 评估方式

（一）学员评估

学员评估采取“一课一评”的方式，于当日课后及时填写《中国海关管理干部学院课程质量评估表》（见附件1），培训班结束前填写《中国海关管理干部学院培训项目总体评价表》（见附件2）。保证学员参评率在80%（含）以上。

（二）项目委托单位相关人员评估

按要求填写《中国海关管理干部学院课程质量评估表》（见附件1）、《中国海关管理干部学院培训项目总体评价表》（见附件2）。

（三）专家评估

专家包括学院领导、教学委员会委员、学科/专业带头人，采取随堂听课方式对课程进行评估。除主办方指定的师资以外，教学委员会办公室负责安排委员对首次来院授课的外聘教师进行课程评估，每次评估至少由3位委员参加。此外，所有专家每年须完成规定的课程评估量，即学院领导每年自选3门课程评估，委员每年自选5门课程评估，学科/专业带头人每年自选5门课程评估。

专家听课结束后做出客观公正的评价，认真填写《中国海关管理干部学院课程评审表》（见附件3）并提交教学委员会办公室。

（四）教学组织管理部门相关人员

按要求填写《中国海关管理干部学院培训项目总体评价表》（见附件2）、《中国海关管理干部学院课程评审表》（见附件3）。

第五条 评估指标

（一）课程质量评估（见附件1）

1. 指标类型

课程类型分为专题讲座、现场教学、研讨教学3种。

1.1 专题讲座指标包括政治纪律、教学设计、教学内容、教学方法和教学效果。

政治纪律的评估要求：严守党的政治纪律和政治规矩，课堂讲授有纪律，公开言论守规矩，在政治和理论上与党中央保持高度一致，没有“不当言论”。

教学设计的评估要求：框架完整，逻辑严谨。

教学内容的评估要求：问题导向，紧扣专题。

教学方法的评估要求：讲授清晰，互动充分。

教学效果的评估要求：思想有启发，工作有借鉴。

1.2 现场教学指标包括政治纪律、

教学设计、组织实施、总结提升和教学效果。

政治纪律的评估要求：严守党的政治纪律和政治规矩，课堂讲授有纪律，公开言论守规矩，在政治和理论上与党中央保持高度一致，没有“不当言论”。

教学设计的评估要求：课程定位准确，主题聚焦。方法科学、设计合理、有创新性。

组织实施的评估要求：教学组织周密，体验效果明显。组织严谨、节奏流畅、互动性强。

总结提升的评估要求：讲解深入，总结到位。点评精准到位，总结全面精炼。

教学效果的评估要求：具有启发性和指导性，促进教学相长，学学相长。

1.3　研讨教学指标包括政治纪律、教学设计、教学内容、教学方法和教学效果。

政治纪律的评估要求：严守党的政治纪律和政治规矩，课堂讲授有纪律，公开言论守规矩，在政治和理论上与党中央保持高度一致，没有“不当言论”。

教学设计的评估要求：主题定位准确，问题聚焦。

教学内容的评估要求：设计科学，组织周密。

教学方法的评估要求：互动充分，交流深入。

教学效果的评估要求：思想有启发，工作有借鉴。

2. 指标等级

2.1　政治纪律实行一票否决，等级分为合格、不合格；

2.2　其他评估指标实行星级制，5星是非常好，4星是好，3星是一般，2星是较差，1星是差。

3. 评估结果

评估结果为百分制，1颗星分值为5分。若政治纪律指标为合格，则各类课程计算公式如下：

专题讲座计算公式：评估结果=教学设计分数+教学内容分数+教学方法分数+教学效果分数。

现场教学计算公式：评估结果=教学设计分数+组织实施分数+总结提升分数+教学效果分数。

研讨教学计算公式：评估结果=教学设计分数+教学内容分数+教学方法分数+教学效果分数。

（二）培训项目总体评价（见附件2）

1. 指标类型

培训项目总体评价指标包括培训设计、培训实施、培训效果、培训管理和后勤保障。

2. 指标等级

评估实行星级制，5星是非常好，4星是好，3星是一般，2星是较差，1星是差。

3. 评估结果

评估结果为百分制，1颗星分值为1分。

培训项目总体评价计算公式：评估结果=培训设计分数+培训实施分数+培训效果分数+培训管理分数+后勤保障分数。

（三）课程评审（见附件3）

1. 指标类型

课程评审指标从政治性、思想性、理论性、针对性4个维度对课程进行评估。

2. 指标等级

2.1　政治纪律实行一票否决，政治性指标的评估等级分为合格、不合格；

2.2　思想性、理论性、针对性实行评分制，权重分别为40%、30%、30%。

3. 评估结果

评估结果为百分制。对首次来院授课的外聘教师进行课程评估，每次评估至少由3位教学委员会委员参加，3位委员的平均分为课程的最终评估分数。

第六条　结果应用

（一）课程质量评估和课程评审结果是兼职教师续聘、本院教师职称评聘、教学评优评奖等工作的重要依据。培训项目总体评价情况由教学组织管理部门及时向有关部门反馈。

（二）约束措施

1. 政治纪律指标若出现“不合格”情况，由评估结果统计经办人第一时间向教学组织管理部门负责人报告，启动“教学事故核查程序”，并及时报告教学委员会。确定为“不合格”的课程，其评估结果为零；

2. 评估结果低于60分，取消该教师该课程的授课资格。

第七条　职责分工

（一）教学组织管理部门。组织并督促学员、项目委托单位相关人员和本部门相关人员在规定时间内完成评估，负责评估结果的统计、汇总等。

（二）教学委员会办公室根据教学计划制定委员听课计划，收集专家的评估意见并反馈给教师本人。

（三）科技保障部门。负责评估系统软、硬件的正常运行。

第八条　其他

（一）评估纪律。严禁弄虚作假，严禁任何形式的拉分行为。

（二）施行时间。本办法自公布之日起施行，由教育培训处负责解释。之前与本制度相抵触的其他规定同时废止。

附件：1. 中国海关管理干部学院课程质量评估表

2. 中国海关管理干部学院培训项目总体评价表

3. 中国海关管理干部学院课程评审表

附件 1

中国海关管理干部学院课程质量评估表（专题讲座）

序号	评价项目		评级（5 星最好，1 星最差）					评估结果
			★ 差	★★ 较差	★★★ 一般	★★★★ 好	★★★★★ 非常好	
1	政治纪律	遵守政治纪律和政治规矩，政治方向正确	实行一票否决，如认为存在违反本条的情况，请详细列明具体情况					
2	教学设计	框架完整，逻辑严谨						
3	教学内容	问题导向，紧扣专题						
4	教学方法	讲授清晰，互动充分						
5	教学效果	思想有启发，工作有借鉴						
6	其他	意见建议						

中国海关管理干部学院课程质量评估表（现场教学）

序号	评价项目		评级（5 星最好，1 星最差）					评估结果
			★ 差	★★ 较差	★★★ 一般	★★★★ 好	★★★★★ 非常好	
1	政治纪律	遵守政治纪律和政治规矩，政治方向正确	实行一票否决，如认为存在违反本条的情况，请详细列明具体情况					
2	教学设计	课程定位准确，主题聚焦						
3	组织实施	教学组织周密，体验效果明显						
4	总结提升	讲解深入，总结到位						
5	教学效果	思想有启发，工作有借鉴						
6	其他	意见建议						

中国海关管理干部学院课程质量评估表（研讨教学）

序号	评价项目		评级（5 星最好，1 星最差）					评估结果
			★ 差	★★ 较差	★★★ 一般	★★★★ 好	★★★★★ 非常好	
1	政治纪律	遵守政治纪律和政治规矩，政治方向正确	实行一票否决，如认为存在违反本条的情况，请详细列明具体情况					

续表

序号	评价项目		评级（5星最好，1星最差）★ 差	★★ 较差	★★★ 一般	★★★★ 好	★★★★★ 非常好	评估结果
2	教学设计	主题定位准确，问题聚焦						
3	教学内容	设计科学，组织周密						
4	教学方法	互动充分，交流深入						
5	教学效果	思想有启发，工作有借鉴						
6	其他	意见建议						

附件 2

中国海关管理干部学院培训项目总体评价表

序号	评价项目		评级（5星最好，1星最差）★ 差	★★ 较差	★★★ 一般	★★★★ 好	★★★★★ 非常好	评估结果
1	培训设计	目标设定						
		课程设置						
		师资配备						
		教学主题						
2	培训实施	教学内容						
		教学方法						
		教学节奏						
		教学资料						
		教学水平						
3	培训效果	对实际工作的帮助						
		对能力素养的提高						
4	培训管理	班级管理						
		学员管理						
		带班流程						
		班级学风						

续表

序号	评价项目		评级（5星最好，1星最差）					评估结果
			★ 差	★★ 较差	★★★ 一般	★★★★ 好	★★★★★ 非常好	
5	后勤保障	教室设备、灯光、音响						
		客房服务						
		餐饮质量						
		教学车辆						
		文体设施及校园环境						
6	其他	意见建议						

附件 3

中国海关管理干部学院课程评审表

序号	项目	内容	最高分	得分
1	政治性	严守党的政治纪律和政治规矩，课堂讲授有纪律，公开言论守规矩，在政治和理论上与党中央保持高度一致，没有“不当言论”。课程中不得含有涉密内容、敏感信息或其他不宜公开的内容。有关数据须符合总署关于加强业务数据安全管理的各项要求		□合格 □不合格
2	思想性	深入挖掘提炼相关知识、技能等所蕴含的思想价值和精神内涵，强化价值引领，防止“贴标签”“两张皮”	30	
		促进海关干部进一步增强“四个意识”、坚定“四个自信”、做到“两个维护”	10	
3	理论性	论点正确鲜明，论据翔实可靠，论证充分有力，结构完整合理，逻辑严谨清晰	10	
		有清晰的学理分析，注重吸收借鉴相关理论研究的成果，重视对历史经验的总结、提炼并讲清背后的历史逻辑	10	
		既突出学原著、读原文、悟原理，又能讲清楚其中蕴含的马克思主义的基本立场观点方法	10	
4	针对性	精准了解需求，回应海关干部理论困惑和实际工作需要，精心在教学目的、教学重点、思考题目等方面下功夫。注重思想方法的学习和引导，有助于解决实际问题并指导贯彻落实形成生动实践	10	
		突出海关部门特点，紧贴海关改革发展热点难点问题	10	
		教学方法适当，契合培训目的、内容，有适宜的语言风格和表达技巧	10	
合计			100	
其他意见				

中国海关管理干部学院教学事故认定和责任追究办法（试行）

第一章 总 则

第一条 为加强学院教学管理规范化水平，维护和保障良好的教学秩序，进一步加强教风建设，根据《中国共产党党校（行政学院）工作条例》《2018—2022 年全国干部教育培训规划》的精神，结合学院工作实际，制定本办法。

第二条 教学事故是指在教学活动过程中，因任课教师（含兼职教师）的直接或间接责任，给教学活动造成不良后果的事件。

第三条 教学事故的认定本着谁主办谁负责的原则，视具体情况而定，对于因不可抗力因素（如突发疾病、交通事故、极端天气情况等突发事件）造成的应急性调课、停课，不认定为教学事故。

第四条 本办法适用于海关系统内由学院设计教学计划的主体班次和其他委托培训班次的教学活动（含课堂讲授、现场教学、实践教学、研讨课、队列训练课、拓展训练课等教学环节）。

第二章 教学事故的认定

第五条 根据事故后果的影响大小，教学事故分为重大教学事故和一般教学事故。

第六条 教学事故的认定

（一）发生下列情形之一的，认定为重大教学事故：

1. 任课教师在教学活动中违背党的政治纪律和政治规矩，没有坚决维护习近平总书记党中央的核心、全党的核心地位，没有坚决维护以习近平同志为核心的党中央权威和集中统一领导，讲台上出现“杂音”和“噪音”的，在学员中造成恶劣影响的；

2. 任课教师在教学活动中讲授内容偏离主旋律，听信传播政治谣言、小道消息，宣泄个人情绪或不满，违背事实、捕风捉影肆意批评有关部门或个人的，在学员中造成恶劣影响的；

3. 任课教师未经教学管理部门准许而擅自停课、缺课，或无特殊原因迟到 15 分钟（含 15 分钟）以上，严重影响教学秩序和教学进程的；

4. 其他引发恶劣影响的教学事故。

（二）发生下列情形之一的，认定为一般教学事故：

1. 任课教师参加教学活动无故迟到超过 5 分钟，或因未提前做好课件、提纲、案例、器材等准备工作影响教学活动超过 10 分钟的；

2. 任课教师在教学活动中擅离课堂处理与教学无关个人事务，影响课堂教学秩序的；

3. 任课教师未经教学管理部门准许，擅自改变教学计划规定的教学主题、内容、方式、地点、时间的；

4. 其他引发不良影响的教学事故。

第三章　教学事故的处理程序

第七条　发生教学事故所在班级的班主任及任课教师分别作出书面情况说明，经所在的处室负责人确认，报送教学委员会办公室备案。

第八条　教学事故的处理

（一）对重大教学事故责任人的处理

1. 给予教学事故责任人全院通报批评，对情节严重者，给予相应政务处分；

2. 教学事故责任人在该年度的年度考核中不得评为优秀等级，并不得参加各级评先评优活动；

3. 扣除一定比例教学事故责任人的年度绩效；

4. 兼职教师不再续聘，扣除讲课费，海关系统内兼职教师通报所在单位。

（二）对一般教学事故责任人的处理

1. 第一次由该责任人所在处室予以批评教育；

2. 对一年内发生两次以上一般教学事故的责任人，按一次重大教学事故处理；

3. 兼职教师扣除一定比例讲课费，不再续聘。

第九条　由教学委员会按照本规定提出处理意见，报院长办公会审定。

第四章　附　则

第十条　在教学事故的上报、认定、处理中，应坚持实事求是、公平公正原则，在维护校规校纪、确保教学秩序的同时应注重保护责任人的各项正当权益。

第十一条　学院有关部门在教学事故的认定和处理中，要把教师在推进教学改革中因缺乏经验、先行先试出现的失误和错误，同主观责任心不强、明知故犯的违规违纪行为区分开来，保护教师改革创新、担当作为、锐意进取的积极性和主动性。

第十二条　本办法由教学委员会负责解释。

第十三条　本办法自印发之日起施行。

中国海关管理干部学院
外聘教师管理办法

第一条　为广泛开发和使用外聘教师资源，建设高素质的外聘教师队伍，推进外聘教师工作制度化、规范化，提高外聘教师管理的水平，依据《干部教育培训工作条例》，结合学院实际，制定本办法。

第二条　本办法所称外聘教师，包括学院聘任的国家和地方各级党校、行政学院、高等院校、政府机关、科研单位等机构的专家、教授，海关系统内的兼职教师以及总署业务司局推荐的外籍教师。

第三条　外聘教师要符合如下要求：

（一）忠诚于党的干部教育事业，信念坚定，具有较高的思想政治素质和职业道德修养，较高的专业理论水平和专业知识、技能。

（二）具有较强的授课能力和丰富的授课经验，在社会上反映良好。

（三）有完整的、符合培训需要的课件或讲义。

（四）身体健康，能承担授课工作。

第四条 外聘教师资格条件

外聘教师应具备如下条件之一：

（一）副高级及以上专业技术职称。

（二）博士学位。

（三）在某一领域具有一定影响力的领导、专家或业务骨干。

第五条 外聘教师实行择优选聘、建档分类、动态管理。

第六条 培训班承办部门需按照各类培训班的实际需求和培训目标、培训内容聘请教师，提前沟通授课内容、相关要求和费用等事宜，要求教师提供课件（授课提纲）和教师简介等，提醒外聘教师提前到校，熟悉上课环境。

第七条 外聘教师首次授课或者讲授新专题时，培训班承办部门应将教师和课程资料报教学委员会审核，审核通过后，外聘教师应签署“课堂政治纪律承诺书”，教学委员会办公室要指定专人听课，并记录听课情况。培训班承办部门还应及时征求学员、海关督学的听课意见。

第八条 外聘教师课时酬金按照《中国海关管理干部学院专兼职教师师资费管理办法》执行。

第九条 学院适时对教学效果突出的外聘教师予以表彰。对出现教学事故的外聘教师按《学院教学事故认定和责任追究办法》处理。

第十条 教学部门负责外聘师资库的管理和维护。

第十一条 本办法由学院教育培训处负责解释。

第十二条 本办法自颁布之日起施行。原《外聘教师管理办法》（管干院办〔2020〕9号）同时废止。

中国海关管理干部学院班主任管理办法

第一章 总 则

第一条 为贯彻执行《关于加强和改进新时代师德师风建设的意见》，切实落实从严治院、从严施教、从严管理办学理念，加强对班主任工作的指导与管理，充分发挥班主任的作用，提升班主任工作质量，促进班主任工作科学化、规范化、制度化，制定本办法。

第二条 班主任是代表学院对培训班及学员的学习、生活进行指导、管理、协调、服务的工作人员。负责培训前期准备、开班运行管理以及后期总结等各项管理工作，接受培训主管部门的工作统筹与指导。

第三条 班主任应充分理解所带班次的办班目的，研究落实培训班教学方案及相应的教学计划，了解学员特点，把握教学进程和学员的思想动态，全面落实准军事化管理各项规定，引导学员树立良好学风班风，端正学习态度，提高学习、交流、研讨的实际效果。

第二章 基本要求

第四条 政治立场坚定，热爱海关教育培训工作，具有高度的事业心和责任感，具有大局意识和服务意识，师德高尚，严于律己，言传身教，为人师表，能够给学员做表率。

第五条 按照学院党委工作要求，根据班主任工作流程，科学管理，统筹协调，具有班级管理、学员组织和教学计划执行的能力。

第六条 具备较好的沟通协调能力、语言表达能力、组织协调能力以及突发事件应急处置等各项能力。

第七条 加强学习，不断提高理论水平，积极探索成人培训规律和带班规律，不断总结管理经验，努力提高工作效率。

第三章 选聘与调整

第八条 班主任人选主要在培训主办部门选聘，也可视情况在全院范围内选聘，由培训主办部门考察并提出建议名单，报分管院领导审定。每期培训班的班主任配备应综合考虑培训班的性质、人数、时间及复杂程度和重要程度，30 人以下培训班安排 1 名班主任，30 人以上培训班安排 2 名班主任。其他特殊情况由分管院领导审批。

第九条 班主任履职期间，因工作考核不合格或因特殊原因无法继续担任班主任工作的，经培训主办部门研究，报分管院领导批准后予以调整或解聘。

第四章 主要职责

第十条 学风建设。引导学员转变角色和身份，端正学习态度，珍惜培训机会，培养理论联系实际的学风，重视能力提升与素质培养，提高学习效率，注重学习效果。

第十一条 学员管理。引导学员严格遵守国家法律、干部教育培训管理规定和学院各项规章制度，自觉遵守社会公德，营造良好的校园氛围。做好学员违纪行为的调查、处理和教育工作。

第十二条 安全教育。引导学员提高安全意识，通过入学教育、召开临时党支部会等形式提出具体要求并做好安全提醒。

第十三条 文化建设。引导学员保持良好的精神状态，组织学员积极参加积极向上、有益于身心健康的各项活动，提倡学员自我教育、自我管理、自我监督、自我服务，丰富课余文化生活，提高校园文化品位。

第十四条 班级管理。及时掌握学员的思想、学习、生活情况，关注寝室精神文明建设，指导学员安排好业余生活。认真做好临时党支部成员的选聘工作，充分发挥临时党支部作用，营造良好班风。

第十五条 教学组织。组织实施教学计划，做好培训场地、设施、设备的准备工作，开展各项教学活动，与授课教师保持沟通，对授课教师进行课前政治纪律提醒，及时了解教与学的情况，发挥沟通协调作用，协助授课教师高质量地完成课堂授课任务。

第五章 工作任务

第十六条 负责培训班前期的各项准备工作。

（一）了解培训目的和要求，负责起草培训班入学须知。

（二）熟悉和掌握培训班学员基本情况，包括人员构成、关区分布、男女比例、民族状况、学历水平等，实施针对性管理。

（三）根据学员关别、性别、年龄等情况，进行分队分组，便于教学活动开展。

（四）规范制作《培训指南》。

（五）督促检查培训班备品准备情况。

（六）班主任将根据教学安排拟定培训班《外聘教师师资费预算表》，经处长审批后执行。

（七）督促并做好培训班开班的各项准备工作。

（八）检查相关培训场地、设施、设备是否完好可用，做好相关准备工作。

（九）完成培训班前期的其他相关工作。

第十七条 负责从学员入校到学员结业期间培训班的管理服务工作。

（一）落实准军事化纪律部队建设要求，组织学员列队上课。

（二）检查学员出勤情况，严格落实学员请销假制度。

（三）组织实施培训班课堂教学、录像课、研讨课、现场教学和参观活动。

（四）指导、督促临时党支部开展班级管理、完成培训班的电子相册制作、文体活动组织、培训总结等各项既定任务。

（五）起草报送培训班开班信息。

（六）接待外聘教师，安排接送站和食宿、课前介绍、协助办理讲课费发放手续。

（七）做好学员在校期间的思想动态分析，有针对性开展思想教育，确保学员的思想稳定。

（八）组织学员学习传达党的各项方针、政策和总署党组重大会议精神以及学院的重大决策部署等。

（九）组织开班式、入学教育、结业式等。

（十）提供领导讲话素材，起草结业决定。

（十一）关心学员生活，协调解决存在的困难。

（十二）组织教学评估、培训评估等工作，确保客观真实。

（十三）学员返程的协调工作。

（十四）完成教学管理、学员管理流

程规定的其他事项。

（十五）负责培训期间的培训设备、设施的安全使用。

（十六）做好培训期间的其他相关工作。

第十八条 负责培训班结业后各项工作。

（一）制作院内教师的课时统计表。

（二）制作《外聘教师师资费决算表》，并和师资费支领单、差旅费报销单等一同办理相关报销手续。

（三）培训班结业信息的起草和报送工作。

（四）学员考核表的鉴定填写等工作。

（五）办理学员活动费用报销手续。

（六）总结汇报培训班教学组织与管理等工作。

（七）做好培训班的档案资料收集和转交。

（八）培训班结业后的其他相关工作。

第十九条 班主任负责课堂突发事件的应急处置。当教学过程中出现授课教师发表不当言论时，班主任或临时党支部应第一时间报告，并启动《教学活动突发事件应急预案》。

第六章 考核与评估

第二十条 班主任工作考核是完善班主任工作机制的重要环节，是评定其工作业绩和发放班主任津贴的主要依据。

第二十一条 班主任考核采取学员评估考核与工作实绩考核相结合的原则。学员填写综合质量评估表，评估结果将作为发放班主任津贴的参考依据。工作实绩考核由培训主办部门对培训班教学组织、学风班风建设、文化建设以及相关事件处理情况进行考核，考核结果作为发放班主任津贴的重要参考。

第二十二条 每期培训班结束后，培训主办部门将考核结果在一定范围内公开并反馈给班主任本人。

第二十三条 培训班学员对班主任工作的评估结果，作为优秀教师或优秀教育工作者评比的主要依据，也是年终考核的参考依据。

第二十四条 班主任认真履职，完成工作目标，按规定核发班主任津贴。因工作需要，临时安排其他工作或因公出差的，不享受其间的班主任津贴。

第二十五条 班主任津贴标准按照学院统一规定执行。

第二十六条 总署各司局、各海关计划外委托学院办班，协助学院开展教学组织和学员管理的督学或领队，发放津贴，津贴标准按照 60 元/天发放。

第二十七条 教育培训处、监管技术研究处和防辐射探测培训处分别汇总主办班次的班主任工作量。

第二十八条 班主任无故缺岗或因工作失职对培训工作造成不良影响的，视情况扣减、扣除班主任津贴或解除聘用。

第七章　附　则

第二十九条　本办法由教育培训处负责解释。

第三十条　本办法自发布之日起施行，原《中国海关管理干部学院班主任管理办法》（管干院办〔2020〕9号）同时废止。

中国海关管理干部学院学员管理办法

第一条　为规范学员管理，实现学员管理工作的科学化、规范化、制度化，依据《中华人民共和国海关关衔条例》《海关总署关于干部培训工作的指导意见》《海关内务规范（试行）》等规定，制定本办法。

第二条　本办法适用于学院举办的培训班、研讨班等各类班次。

学院接受委托或者与其他单位联合举办的班次，委托单位或者合办单位对考勤、考核和学籍管理另有要求并经学院同意的，可以按其要求执行。

第三条　学员管理坚持“以人为本”，按照准军事化纪律部队建设要求，以学习管理为重点，抓好考勤管理、考核管理、生活管理和学籍管理等工作。教育培训处作为学员管理机构，在学院党委领导下履行学员管理职能。

第四条　学员管理既要充分履行学院的管理职能，又要注重发挥学员的自我管理作用。

（一）根据《中国海关管理干部学院班主任管理办法》配备班主任，负责学员的思想政治教育、学习管理、生活管理、安全管理等工作。

（二）在培训班中，组织学员成立临时党支部，进行自我管理、自我教育、自我服务，努力营造勤奋学习、积极进取、生活有序、团结和谐的氛围。

第五条　学员参加专题教学和交流研讨时，要遵守以下纪律：

（一）课前10分钟到达指定地点集合，统一列队进入教学场所，并按指定位置就座。

（二）认真听讲，踊跃参与研讨及互动教学活动，积极配合授课教师完成各项教学任务。

（三）自觉将手机调至静音或关闭状态，不得随意走动或做与教学无关的事情。

（四）下课离开教学场所时，应做到桌面清洁，座椅归位。

第六条　学员考察参观时，要遵守以下纪律：

（一）按时在指定地点集合、上车，听从指挥，统一行动。

（二）遵守参观场所相关规定，爱护公物，保护环境，文明参观。

（三）注意安全，提高防火、防盗意识。

（四）按时归队，如遇特殊情况及时

向带队老师报告。

第七条 学员应按要求实事求是地填写培训评估表，对教学和培训组织管理进行如实评价，并提出改进意见和建议。

第八条 学员在培训期间各类正式场合，应规范着装。班主任应加强督促检查，发现问题及时提醒谈话。对不服从管理者，通报学员所在海关单位人事教育部门。

第九条 学员应按照培训通知的有关要求，在规定时间内报到。

第十条 学员上课不得迟到、早退，22：00之前必须归宿。

第十一条 学员在培训期间，必须遵守请销假制度：

（一）培训期间，学员未经其所属单位人教部门批准不得擅自离开培训所在地，违者将通报其所属单位。

（二）学员累计请假时间超过总学时1/7的，将取消培训资格。

（三）凡因公请假须由学员所属单位人教部门向学院提出书面申请，因私请假须由学员本人出具请假条，经其所属单位批准后方可休假、离院。参训期间，发生伤病，需停课休息的，须由学员向其所属单位提出书面申请批准。

（四）请假期满后，应及时向班主任办理销假手续，恢复正常培训学习。

第十二条 学员因故申请终止学习的，需向其所属单位提出书面申请，经批准后方可离院。

第十三条 学员结业时，其缺勤情况由班主任按旷课、公假、事假、病假如实记入《参训学员考核表》。

第十四条 学员应保持公共场所的清洁卫生，不得在教室、餐厅、会议室、阅览室、体育馆等公共场所内吸烟。

第十五条 学员应自觉遵守学院场馆、设备、器材的使用管理规定，凡因个人原因损坏或遗失学院设施、设备、器材的，应照价赔偿。

第十六条 学员在学院培训期间，不得擅自下海游泳，不得自行组织游泳活动。

第十七条 学员应当自觉遵守学员宿舍管理的各项规定：

（一）按指定房间和床位住宿，不得随意调换。

（二）严格遵守就寝时间，按照规定时间休息。

（三）保持房间干净整洁，物品摆放整齐划一。

（四）不得在房间、过道大声喧哗。

（五）不得在宿舍内饮酒。

（六）不得违反规定使用电器设备。

（七）爱护房间内设备用品，因个人原因造成房间设施设备损坏或者污染的，应当主动照价赔偿。

第十八条 学员用餐应当遵守以下规定：

（一）按时、有序、文明用餐，杜绝浪费。

（二）按要求认真填写休息日用餐统计表。

（三）学员队、组集体外出活动，提前向班主任请假。

（四）严格遵守中组发〔2013〕8号文件有关要求，不得用公款相互宴请。倡导勤俭节约，反对铺张浪费，禁止到高档酒店或娱乐场所消费。

第十九条 学院对学员在培训学习期间的政治、学习、纪律等表现情况做出评定，记入《参训学员考核表》。

第二十条 经考核，成绩合格且操行评定合格者，准予结业，必要时可颁发结业证书。

第二十一条 学员培训期间如有违纪现象，学院将根据情况给予批评教育，并由本人做出书面检查；情节严重并造成不良影响的，终止培训学习，不予结业，并将情况通知学员所在单位。

第二十二条 学员结业后，《参训学员考核表》寄送学员工作单位人事教育部门。

第二十三条 本办法由教育培训处负责解释。

第二十四条 本办法自发布之日起施行，原《中国海关管理干部学院学员管理办法》（管干院办〔2020〕9号）同时废止。

中国海关管理干部学院学员行为规范

为深入贯彻落实习近平新时代中国特色社会主义思想，执行干部教育培训相关规章制度，严守政治纪律和政治规矩，增强“四个意识”，坚定“四个自信”，做到“两个维护”，切实加强学员在中国海关管理干部学院（以下简称“学院”）培训期间的各项管理工作，高质量完成培训学习任务，特制定如下学员行为规范。

第一条 认真学习贯彻习近平新时代中国特色社会主义思想，紧紧围绕政治建关、改革强关、依法把关、科技兴关、从严治关，对标“忠诚、干净、担当”要求，马上就办、真抓实干，锲而不舍、一以贯之，按照“政治坚定、业务精通、令行禁止、担当奉献”的准军事化纪律部队建设内涵，弘扬理论联系实际的马克思主义学风，用准军事化理念管理队伍，通过建立规范的培训工作、学习、生活秩序，提高海关培训期间学习质量。

第二条 牢固树立学员意识，积极适应从海关党员干部到普通学员身份的转变，遵守干部教育培训的相关制度要求，遵守中国海关管理干部学院各项管理规章制度，端正态度，积极服从，认真完成培训任务。

第三条 培训期间，学员应严格按照海关内务规范要求，按规定着装。着制式服装时，不歪戴帽，不披衣、敞怀、挽袖、卷裤腿，不发生日常制服混穿，不在外露的腰带上系挂钥匙、手机、腰包、饰品等无关的标志，不扎系围巾；不染彩发，不染指甲和留长指甲；不戴耳饰、领饰、手镯（链、串）、装饰性头饰等首饰，不外露项链等饰物。男学员不蓄胡须、留长发和大鬓角，除自然卷发外，不卷发；女学员发辫不过肩，使用头饰时应佩戴深色的单色头饰，不化浓妆。除眼疾等特殊情况外，培训期间不戴有色眼镜。

第四条 在培训期间学员应做到言行文明，举止大方，姿态良好。不得边走边吸烟、吃东西、扇扇子；不得背手、袖手、插兜、搭肩、挽搅腰；不得嬉笑打闹、高声喧哗。不赌博、酗酒、打架斗殴，不得参加迷信活动；不在教室、楼道、宿舍及其他禁止吸烟的场所吸烟。

第五条 课堂学习不迟到、不早退，尊重上课纪律，认真听讲，上课期间不接打电话，上课期间如发生突发事件及时与班主任老师联系，教室、宿舍等公共场合不随意发表不当、不实言论。

第六条 参加现场教学活动和外出参观时，着装整洁，注意自身形象，按时集合，服从安排，不离队，不掉队。

第七条 按时完成各项学习任务，自己动手撰写发言材料、学习体会、调研报告等，认真参加教学评估，实事求是填写评估反馈，不做不负责任的评估。

第八条 培训期间的课件、学习资料等仅供内部学习参考使用，不随意将教学资料上传互联网或移作他用。

第九条 在校学习培训期间，学员应吃在食堂、住在宿舍，未经允许不得私自调换房间，教学活动日一律不准饮酒。学员之间、学员和教员之间、学员和工作人员之间不得相互吃请，班级、党支部、小组不得以集体活动为名聚餐吃请。培训期间严禁酗酒、滋事。

第十条 学习培训期间学员不再承担所在单位的工作、会议、出差、出国（境）考察等任务，如因特殊情况确需请假的，须严格执行请销假手续。培训期间，学员累计请假时间超过总学时 1/7 的，将中止培训，不予结业。学员未经所在单位人事部门批准不得擅自离开培训所在地，违者将取消培训资格，并通报其所在单位。

第十一条 培训期间学员应认真贯彻落实中央八项规定及其实施细则精神，严格遵守学习培训和廉洁自律各项规定，不准接受和赠送礼品、礼金、有价证券、支付凭证、纪念品和土特产等，学员之间不准以学习交流、对口走访、交叉考察、集体调研等名义互请旅游。

第十二条 在校期间及结业以后，不得以同学名义、以任何形式拉关系、搞“小圈子”，不得成立任何形式的联谊会、同学会等组织，也不得确定召集人、联系人等开展有组织的联谊活动，不得利用同学关系谋取私利。

第十三条 违反本守则纪律要求的学员，情节轻者由学院、班主任、培训班临时党支部和班委给予约谈提醒，屡教不改者及情节严重者直接向单位人事部门通报。